ON NE NAÎT PAS GROSSE

5, RUE DE TOMBOUCTOU
75018 PARIS
WWW.EDITIONSGOUTTEDOR.COM

CONCEPTION GRAPHIQUE : AGENCE MIRACLE
WWW.AGENCEMIRACLE.FR
ISBN : 979-10-96906-02-4

ON NE NAÎT PAS GROSSE

GABRIELLE DEYDIER

ÉDITIONS GOUTTE D'OR

*À mes parents, qui ont fait ce qu'ils ont pu avec
les armes qu'ils possédaient.*

*À Anne Zamberlan, qui nous a ouvert la voie
il y a trente ans.*

Aux millions d'invisibles.

« J'écris de chez les moches, pour les moches, les frigides, les mal baisées, les imbaisables, toutes les exclues du grand marché à la bonne meuf (…). Parce que l'idéal de la femme blanche séduisante qu'on nous brandit tout le temps sous le nez, je crois bien qu'il n'existe pas. »

Virginie Despentes
King Kong Théorie (2006)

INTRODUCTION

« Tu me dégoûtes, sale grosse. J'ai envie de vomir quand je te vois, *biggie* ! » Réveil en sursaut. Quelqu'un vient d'arracher le rideau de mon lit-cabine à l'auberge de jeunesse où je dors depuis deux semaines. De retour à Paris, je suis sans lit fixe.

Nous sommes le 17 septembre 2016, il est deux heures du matin et une fille tarée hurle en anglais : « *Biggie* sur YouTube ! *Biggie*, *biggie*, *biggie* ! » Elle pointe son téléphone sur moi, lampe torche allumée. Je suis nue, enfin, j'ai juste ma serviette de bain autour du ventre. Paniquée, je lui somme de se taire.

Elle rit aux éclats et continue de m'appeler « *biggie* ». Avant de me coucher, j'ai beaucoup bu. J'ai dû ronfler, c'est même sûr, en fait. « Écoute-moi, la grosse, j'en peux plus de ta gueule. Depuis que je suis arrivée tu me dégoûtes avec ton gras. T'es laide, t'es grosse, t'es dégueulasse ! Salope ! »

Sept heures plus tard, la direction de l'auberge réagit de façon appropriée : elle vire l'Américaine et me surclasse deux nuits dans une chambre individuelle.

Comme une impression de déjà-vu. J'ai 37 ans ; des gens me lâchent leur haine, leurs insultes et leurs commentaires décomplexés depuis vingt ans. Il m'est devenu compliqué de distinguer la simple vanne de la remarque grossophobe.

Ce qui les gêne tant, c'est mon poids : 150 kg pour 1,53 m. L'agression verbale de cette Américaine résonne d'autant plus étrangement qu'en ce jour de septembre 2016, je suis plongée dans la rédaction de ce livre-enquête sur mon parcours de femme grosse. Après avoir été méprisée et jugée pendant des années, j'ai décidé d'écrire pour ne plus m'excuser d'exister.

Le déclic est venu d'un clip féministe réalisé par une pote. On y voit des femmes, masquées et en sous-vêtements, détourner l'esthétique publicitaire tout en dénonçant des punchlines machistes d'hommes politiques. Peu après la publication de la vidéo en ligne[1], je demande à cette amie comment elle peut être entourée d'autant de belles nanas. « Si seulement elles pensaient la même chose, me répond ma pote. Quand elles ont vu le clip, elles ont quasiment toutes été complexées par une partie de leur corps : les bras, le ventre, la peau des cuisses… »

Je n'en reviens pas. Je ne connais pas ces filles, mais quand je dis qu'elles sont toutes belles, elles le sont. Toute ma vie, j'ai rêvé d'être aussi bien foutue, et ces filles osent complexer ! Mais de quoi, au juste ? Elles ont ce qu'il me manque : un corps mince. Je me demande un instant si elles sont honnêtes, si elles ne se la jouent pas faussement modestes. Mais je sais que non. Comme nombre de femmes, elles sont victimes de « l'omniprésence de modèles inatteignables » et se retrouvent « enfermées dans la haine d'elles-mêmes » décrite par Mona Chollet[2].

Je ne connais aucune femme qui ne se soit jamais demandé si ses fesses ou ses seins étaient de la bonne forme, de la bonne taille. Certaines de mes copines complexent même à cause de la

1. *Porntoshop : quand la politique devient érotique* [en ligne], LesInrocks.com, 13 mars 2016.
2. Mona Chollet, *Beauté fatale* (2012), La Découverte.

couleur de leurs mamelons… Comme s'il existait un « corps de référence » dont on se sentirait toujours trop éloignée, à cause de mamelons abricot, d'une couche de cellulite à l'arrière des cuisses, de tétons qui ne pointent pas ou d'un string taille 46. Bienvenue dans un monde de torture psychologique.

Mes souffrances ne sont pas les mêmes que celles de ces filles capables de s'afficher en sous-vêtements. La différence entre elles et moi, c'est que je suis grosse. « Obèse morbide[3] », dit la médecine. Chez moi, tout est exagéré, décuplé, transformé. L'idée d'*On ne naît pas grosse* vient de germer dans ma tête. Mes complexes et ma taille XXL m'offrent un recul forcé.

J'ai attendu d'être acculée pour me lancer dans ce projet. Rien de tel qu'une descente aux enfers pour prendre des décisions radicales.

Alors que je travaillais comme auxiliaire de vie scolaire auprès d'enfants souffrant de troubles cognitifs, à Neuilly, mes collègues ont enchaîné les commentaires violents. « Gabrielle, vous représentez une double stigmatisation pour les élèves. Ils sont étiquetés handicapés mentaux et votre poids est un stigmate de plus pour eux. Vous êtes

---

3. L'obésite est dite « morbide » lorsque l'IMC est supérieur à 40.

en période d'essai, libre à vous de partir. » Je finis par flancher et je quitte mon travail. Faute de faire les démarches pour toucher les Assedic, je me retrouve sans revenus, en pleine trêve hivernale. Je cesse de payer mon loyer et me terre dans mon studio du XVIe arrondissement parisien pour mener à bien une lente et douloureuse autodestruction.

Dans ce contexte, un réflexe de survie m'a poussée à écrire les mots que ma bouche n'avait jamais su cracher.

L'obésité est un état étrange, instable, généralement non voulu et souvent perçu comme réversible. Je ne connais qu'une exception d'obésité « souhaitée » : les *« feedees »*[4], des femmes qui monnayent sur le Net leurs vidéos d'engraissement.

L'OMS a reconnu l'obésité comme une maladie en 1997 et pris pour étalon l'Indice de masse corporelle (IMC)[5], une norme internationale calculée à partir du rapport entre le poids et la taille

4. De « *feed* », qui signifie nourrir en anglais, voir chapitre 8, « *FA* » *cherche* « *BBW* ».

5. L'IMC est une norme internationale perçue comme une échelle estimant la corpulence d'une personne en prenant son poids (en kg) et en le divisant par sa taille (exprimée en mètres) au carrée. Un individu de 1,80 m et de 75 kilos a pour IMC : $75/1,8^2 = 23,14$. Un IMC entre 18 et 25 est considéré comme « normal ». L'obésité commence au-dessus de 30.

d'une personne. Au départ, l'IMC servait à mesurer l'évolution de la corpulence des populations. Puis les professionnels de la santé l'ont détourné pour en faire un instrument de mesure des individus. Aujourd'hui, la formule pour le calculer se retrouve martelée dans les pages minceur des magazines féminins.

Alors que la médecine progresse, l'obésité gagne du terrain. Certains s'interrogent désormais sur son caractère épidémique, voire pandémique. Comme si, à force d'être en contact prolongé avec d'autres gros, il devenait impossible d'échapper à cet état. Les milieux pauvres sont les plus touchés. En France, un smicard sur quatre est obèse. En quinze ans, la proportion de personnes obèses dans la population française est passée de 8 à 15 %. Cela représente désormais 9,9 millions de personnes dans l'Hexagone. Près d'une personne sur six.

Avez-vous déjà entendu la voix de cette masse silencieuse ? Pas vraiment, j'imagine.

Résumer le problème aux kilos ou à l'IMC est le meilleur moyen de n'y rien comprendre. L'obésité, ce n'est pas seulement le petit gros assis au fond de la classe, au collège, c'est aussi celui que vous ne verrez pas dans l'amphi à l'université, celle que vous ne croiserez pas dans les cabines d'essayage d'H&M.

Depuis l'enfance, l'adolescence surtout, l'obèse apprend à se taire. Il est, à l'image de ses kilos, toujours en trop. Pointé du doigt comme un individu dépourvu de volonté, alors qu'il est souvent en proie à une lutte pour sa survie.

D'après une étude internationale[6] intitulée *Fat doesn't pay*[7], quand nous trouvons un premier job, nous sommes payés environ 18 % de moins que la moyenne. La discrimination basée sur notre physique ne suffit pas à expliquer cet écart. Selon les chercheurs à l'origine de cette étude, le facteur principal de cette inégalité viendrait d'un manque de confiance en soi, d'une habitude à vivre terré et, disons-le, soumis.

Un point fondamental est la position des femmes au sein de ce phénomène. En France, si la proportion d'obèses est quasiment identique chez les femmes (16 %) et chez les hommes (14 %), l'obsession du corps, elle, est radicalement différente d'un genre à l'autre.

Pour le comprendre, il suffit de rappeler l'écrasante majorité de femmes chez les obèses ayant

---

6. Petter Lundborg, Paul Nystedt et Dan-Olof Rooth, *Body Size, Skills, and Income: Evidence From 150,000 Teenage Siblings*, 9 septembre 2014.
7. « La graisse ne rapporte pas ».

recours à la chirurgie bariatrique. Cette chirurgie de l'obésité consiste à amputer l'estomac aux deux tiers, voire aux trois quarts. Ces dernières années, le nombre d'opérations a explosé : 50 000 interventions en France en 2015[8], quatre fois plus qu'en 2001. Alors, quelle part de femmes chez ces opérés ? En France, 80 %. Que dit ce chiffre de la différence de pression entre « une grosse » et « un gros » ? De la culture généralisée du régime ? Du miroir ? De notre société génératrice d'obésité ?

Face à ce constat, j'ai eu envie d'utiliser mon corps « difforme » et « anormal » comme un outil. Un outil d'enquête d'abord, en feignant de désirer une ablation partielle de l'estomac. Un bon moyen pour approcher les apôtres de la chirurgie comme solution à tout. J'ai transformé mon enveloppe corporelle en tour d'observation pour tenter d'en faire un instrument de libération.

La seule condition était de rester honnête, de ne pas tricher avec moi-même. Je ne pouvais pas enquêter sur les paradoxes, les lâchetés et les violences de la société à notre encontre, sans explorer

8. Jean Gugenheim, *Le développement de la chirurgie bariatrique en France, enjeux et défis*, *Diabète & Obésité*, vol. 12, numéro 105, février 2017.

mes propres contradictions. D'où la nécessité de mener une double investigation : d'un côté sur le rapport qu'entretient la société avec la femme grosse, de l'autre sur l'origine de mon obésité.

Mon histoire personnelle; mes parents; l'année où je suis devenue grosse; ma relation avec la bouffe, plus taboue encore que l'image de mon corps dans le miroir; la misère sociale et psychologique dans laquelle j'ai mariné; mes petits et gros mensonges pour survivre; ma dérobade affective, médicale, hygiénique; mes vrais désirs.

Nous vivons dans une société schizophrène. Grossir devient de plus en plus « facile », mais les obèses sont des pestiférés. Ils rasent les murs – quand ils sortent encore de chez eux.

Dans l'esprit collectif, l'obésité n'est que le résultat d'une suralimentation et d'une absence d'activité physique. Socialement, l'obésité serait une sorte de carence de volonté. Par conséquent, l'obèse n'est pas embauchable, jugé trop fainéant. Comme il est souvent timide et renfermé, on le soupçonne aussi d'être légèrement abruti. Pour s'intégrer, il n'a qu'une option : maigrir.

En ce qui me concerne, depuis dix-huit ans, je n'ai cessé de grossir. De 65 kilos, je suis montée jusqu'à 155. À l'heure où j'écris ces lignes, l'aiguille de la balance s'arrête à 153. En dix-huit ans, j'ai été moquée, montrée du doigt, insultée. J'ai développé un rapport déviant à la nourriture dès lors qu'un médecin m'a prescrit un régime. J'ai découvert que l'on pouvait « manger pour se faire mal ». J'ai aussi compris que le monde médical perd parfois de sa bienveillance dès lors que votre IMC quitte la norme. Idem pour le monde professionnel.

J'ai touché les limites du supportable ; je ne veux plus avoir honte de ce que je suis.

Ma vie est une survie, une expérience radicale, une cavale.

CHAPITRE 1

CHRIS, STACI, LA TÉLÉRÉALITÉ ET MOI

Un soir d'août 2016. La chaleur m'empêche de dormir, j'en suis à ma deuxième glace à l'eau parfum grenadine. J'allume la télé et je zappe. Sur la chaîne W9, je découvre une émission unique en son genre. Le titre plante le décor : *Relooking extrême, spécial obésité.*

Le générique de cette émission de téléréalité trash montre un super-obèse déplacer des avions en hurlant. Puis apparaît Chris Powell, le présentateur, torse nu, souriant, beau comme un dieu de l'Olympe. Visiblement, ce mec est là pour sauver la vie du gros en l'aidant à maigrir. Chris s'est forgé une réputation en faisant perdre des dizaines de kilos à son meilleur ami, et comme c'est une bonne et belle personne, il met son savoir et son expérience au service de l'humanité obèse.

L'émission commence. Une voix off nous présente Staci, 206 kilos, mère de deux enfants, seule à bosser pour soutenir sa famille. Manipulatrice itinérante en radiologie, elle passe une dizaine d'heures par jour dans sa voiture. « Les fast-foods sont devenus mes meilleurs amis », explique-t-elle.

Étalée sur mon lit, entourée de coussins, je garde les yeux rivés sur mon écran. Même si je connais déjà la fin, je suis curieuse de voir la suite de l'émission. *Relooking extrême* va durer une heure alors je retourne chercher une troisième glace à l'eau au congélateur. Je me trouve stupide à manger en matant une personne au régime forcé. Puis je me rassure : « C'est elle qui doit maigrir, pas moi ! »

Le mari de Staci est hémiplégique depuis un accident vasculaire cérébral (AVC) causé par de l'hypertension liée à son obésité. Durant les dix années qui ont précédé son AVC, il avait cessé de voir des médecins, selon lui trop intolérants.

Je repense à ma dernière visite chez le dentiste, il y a trois ans, pour faire soigner une carie. Il craignait que j'abîme son fauteuil et m'avait sermonnée : « Cessez de vous laver les dents avec du caramel ! » Depuis, je n'y ai plus jamais remis les pieds. J'ai perdu trois dents, trois autres ne sont pas loin de m'abandonner. Je me souviens aussi de ce gynécologue qui m'a demandé ce qu'il pourrait bien voir au milieu de tout ce gras ; de cet échographe qui m'a dit que je lui faisais perdre du temps tout en creusant le trou de la Sécurité sociale. Résultat : je laisse mon corps en friche.

La caméra suit Staci, elle s'apprête une fois de plus à commander des tranches de lard fumé. Surprise ! Chris apparaît à la place du vendeur du fast-food. Elle a été choisie pour vivre un an d'aventure en sa compagnie. Staci fond en larmes. Il lui reste deux heures pour préparer ses valises, direction le Grand Ouest pour une semaine d'examens à l'Institut californien de santé et de longévité, le CHLI.

Le mot « longévité » me noue un peu l'estomac. Quelques jours plus tôt, j'ai lu le compte-rendu d'une étude américaine[1] publiée le 13 juillet 2016 d'après laquelle les personnes atteintes d'obésité sévère perdent jusqu'à dix ans d'espérance de vie. L'émission commence à capter mon attention, comme si ma vie était liée à celle de Staci.

Le beau Chris et elle débarquent au CHLI. Dans le hall, un canapé trois places et deux fauteuils, des tapis en velours, des sculptures en marbre. Pour la première fois de son existence, Staci a droit à un traitement de star.

---

1. *Body-mass index and all-cause mortality*, étude portant sur 4 millions de personnes, sur quatre continents, publiée dans *The Lancet*, 13 juillet 2016.

Pour la pesée, le coach aux dents blanches conduit Staci dans un hangar et lui lâche : « Nous n'avons pas de balance assez performante pour te peser. Nous sommes obligés de faire ça ici, avec un pèse-conteneur ! Est-ce que tu vas bien, Staci ? »

Aux États-Unis, pays des super-obèses, il n'existe pas de machines assez robustes pour peser Staci ? J'ouvre un paquet de biscuits. Ce coach m'a mise sur les nerfs. J'aimerais qu'il me voie m'empiffrer et que ça lui provoque une attaque cardiaque.

— Staci, tu pèses 206 kilos ! annonce le coach à la participante.

— Oh mon Dieu ! s'écrit-elle avant d'éclater en sanglots.

Pas de panique, Chris *is here*.

— OK, c'est beaucoup trop. Mais je suis là, Staci. Je vais passer une année avec toi et nous allons te faire perdre 90 kilos !

Staci subit un tas d'examens : on mesure son souffle, ses kilos et sa matière grasse, on lui impose des tests d'effort et des bilans sanguins. En parallèle, une diététicienne lui donne des cours de cuisine. Staci souffre de carences, elle est dénutrie : son alimentation n'est pas suffisamment variée pour couvrir les besoins de son organisme.

Bilan des examens : Staci a 130 kilos de graisse ; seul un tiers de son poids est « sain ». Là, j'aimerais voir débarquer Fred et Jamy, les deux pédagogues de l'émission *C'est pas sorcier*, pour qu'ils m'expliquent ce que signifie, scientifiquement, d'avoir deux tiers de son corps « malsains ».

La pub interrompt le programme, je passe aux toilettes et me choppe un verre de menthe à l'eau. La chaleur estivale m'insupporte. L'émission reprend.

Chris propose un marché à Staci.

— Si tu perds 45 kilos en trois mois, tu auras une baby-sitter à temps plein pour t'aider.

Pendant toute la durée de cette première phase d'amaigrissement, Chris s'installe chez Staci. La maison est transformée : le salon devient une salle de sport. Pendant un an, exercice physique et légumes à volonté rythmeront la vie de Staci, le tout arrosé de boissons protéinées pour accompagner le régime.

Entre deux séances de sport, Staci se livre. À 12 ans, elle pesait 100 kilos. La jeune femme a arrêté l'école tôt, trop grosse pour s'installer à une table de classe. Elle raconte comment sa mère lui a proposé de l'argent pour l'inciter à perdre du poids. « Tout ce que je me disais, c'était que je n'étais pas assez bien pour être sa fille, et ça me donnait envie de manger plus. »

Devant la caméra, la mère de Staci lui lance froidement : « J'ai élevé trois enfants, je n'ai pas envie de devoir élever les tiens. »

Après trois mois de coaching, la participante a perdu 48 kilos, trois de plus que prévus. Comme promis, on lui octroie une aide pour ses enfants. Chris quitte son domicile, il ne viendra que de temps en temps.

Challenge suivant : perdre 28 kilos. Pour se motiver, Staci et sa sœur partent acheter des fringues trop justes pour elle. Une fois de plus, cette scène résonne en moi. Mes placards regorgent de vêtements en taille 40 alors que je porte plutôt du 52. Je m'obstine à accumuler des sapes que je ne pourrai certainement jamais porter. En parallèle, je ne prends aucun soin de mon style, je m'habille avec ce que je trouve, peu importe à quoi je ressemble. Comme si je devais attendre de pouvoir enfiler du 40 pour avoir le droit de me plaire. En attendant, ce moi idéal, le seul digne d'exister, reste enfermé dans mon placard.

À présent, Staci doit reprendre le boulot à temps plein, gérer une vie de famille et caser quatre heures de sport dans sa journée. Elle est pleine de volonté mais cela suffira-t-il ? La deuxième pesée prouve que oui : elle s'est effectivement allégée de 28 kilos.

En l'espace de six mois, la participante a perdu 75 kilos. À ce stade de l'émission, je me souviens que certains médecins veulent m'amputer de 80 % de mon estomac alors que Staci a fondu en si peu de temps sans se faire charcuter. J'allume l'ordi, achète un short, des barres de protéines et une corde à sauter.

On laisse désormais trois mois à Staci pour perdre une vingtaine de kilos mais cette fois-ci, Chris n'interviendra pas. La jeune femme doit se préparer à la vraie vie, le coach ne sera pas toujours là pour l'épauler.

Au début de cette séquence, la balance indique 131 kilos. Trois mois plus tard, Staci rejoint Chris à l'Institut californien de santé et de longévité. Les retrouvailles sont touchantes mais Chris a des doutes en la voyant. Nouvelle pesée : 133 kilos. Pour la première fois depuis neuf mois, on assiste à un échec. Que s'est-il passé ? Staci s'est-elle remise à manger comme un cochon ? Pas forcément. Le rythme qu'elle doit suivre épuiserait n'importe quel être humain.

On lui impose une nouvelle séance intensive de sport pour faire sortir sa rage. Je veux qu'elle y arrive, cela me donnerait l'impression que pour moi aussi c'est faisable. Elle et moi n'avons quasiment rien en commun, mais je m'identifie totalement à cette femme. L'échec de la pesée, je l'ai vécu des dizaines de fois.

Jour 365. Il y a pile un an pour Staci – cinquante-cinq minutes pour moi – cette femme de 206 kilos en souffrance morale et physique décidait de perdre 90 kilos. Nous voilà dans un grand hangar décoré de drapeaux américains ; la moitié de la ville est assise sur des chaises en plastique. Sur une estrade, Chris nous raconte l'histoire de Staci. À côté du coach, un portrait grandeur nature de cette femme, à l'époque où elle pesait 206 kilos. Une berline noire apparaît, traverse un mur de flammes et se gare. La portière s'ouvre, on entrevoit une silhouette de femme. Gros plan au ras du sol sur des talons aiguilles de dix centimètres.

Staci sort de la voiture en se dandinant. Zoom sur son nouveau sourire Colgate, son visage maquillé à la truelle et son brushing impeccable. Le résultat donne un mélange entre une pub pour L'Oréal et un personnage des *Feux de l'amour* – ce que je suppose être un critère de beauté à Dallas. Tout le monde applaudit la jeune femme. Moi-même je suis fière d'elle. Staci raconte à quel point Chris a changé sa vie.

Chris annonce le verdict : Staci a perdu 90 kilos en un an. Liesse générale. Le coach ajoute :

« Jamais je n'avais travaillé avec une femme aussi grosse. La transformation est incroyable ! »

Le regard rivé sur la caméra – sur moi –, il met un point final à l'émission par une dernière injonction : « Si Staci, qui pesait 206 kilos, qui a deux enfants, un mari handicapé et un boulot à temps plein, a pu perdre 90 kilos, toi, qu'attends-tu pour le faire ? »

Un peu de volonté, j'imagine. Ce genre de formule est à double tranchant. Pour un obèse, elle s'impose comme un jugement entier de sa personne : « Hé, ho ! Qu'est-ce qui t'empêche de prendre enfin soin de ton corps ? »

Qu'est-ce qui pousse le téléspectateur à regarder ces *freak shows*[2] modernes ? Sans doute un mélange de fascination et de répulsion. Le pékin moyen évacue ses propres angoisses en observant des êtres énormes, ou difformes, pour se rassurer. Staci est un Elephant Man du XXIe siècle, une bête de foire médiatique. Et personne ne s'en offusque.

En matière d'émission discriminatoire, la France n'a rien à envier aux États-Unis. Dans

---

2. Expositions d'êtres humains aux caractéristiques physiques hors du commun, très populaires aux États-Unis et en Europe entre la fin du XIXe et le début du XXe siècle.

Zita, dans la peau de, sur M6, la journaliste Zita Lotis-Faure teste d'autres vies que la sienne. Cela donne des émissions titrées : *Zita dans la peau d'une naturiste*, *Zita dans la peau d'une femme de ménage* et la malheureuse *Zita dans la peau d'une femme obèse*, diffusée le 29 février 2012.

Le pitch : « Je vais mener une expérience jusque-là inédite, adopter le régime alimentaire d'une femme obèse de 140 kilos. » Durant soixante-quinze minutes, la journaliste commente le mode de vie de la femme qu'elle imite : « Je me demande si elle n'a pas envie qu'on l'arrête, si ce n'est pas un appel à l'aide, parce que manger des crevettes et du chocolat à 3 heures du matin… »

L'émission a valu à la journaliste de M6 de recevoir un rappel à l'ordre du CSA[3] le 13 juillet 2012 : « (Le CSA) a rappelé à la chaîne l'article 10 de sa convention qui stipule que : "la société veille en particulier à ce qu'il soit fait preuve de retenue dans la diffusion d'images ou de témoignages susceptibles d'humilier les personnes et à éviter la complaisance dans l'évocation de la souffrance humaine, ainsi que tout traitement avilissant ou rabaissant l'individu au rang d'objet". »

---

3. *Émission Zita dans la peau d'une obèse : intervention auprès de M6* [en ligne], csa.fr, 13 juillet 2012.

CHAPITRE 2

L'ÉTÉ OÙ MON CORPS A MUTÉ

Septembre 1995. J'ai 16 ans, je veux être belle et bien habillée pour la rentrée. Il y a des Levi's à 350 francs (53 euros) chez Continent. J'en essaye un en taille 40, je parviens tout juste à le fermer. C'est sans doute à cause de ma cambrure. Je me rabats sur un 42. J'arrive chez moi, montre mon trésor à ma mère. Elle écarquille les yeux.

— C'est quelle taille, ça ? C'est immense !

— Le 40 était trop juste...

— Quoi ? Tu ne rentres plus dans du 40 ? Mais c'est pas possible, tu vas éclater ! Tu as dépensé tous ces sous pour un pantalon taille 42 ? Mon Dieu, du 42 ! Ma fille s'habille en 42... C'est une taille pour obèse ça !

Ma mère est maigre. À cette époque-là, elle s'habille en 34. Pour elle, porter du 38 équivaut à être grosse. Pourtant, la taille moyenne portée par les Françaises se situe à mi-chemin entre 40 et 42[1].

Ma mère m'assomme de réflexions sur la taille de ma poitrine depuis mes 11 ans. À cet âge, j'avais déjà des seins plus gros que les siens. À 16 ans, je fais éclater les compteurs avec un 90 D. Mais pour ma mère, c'est « normal » d'avoir des seins qui débordent de partout, puisque je suis « grosse ».

À l'époque, mes copines me filent des magazines féminins truffés de conseils diététiques et d'exercices physiques. J'en commence un le lundi, l'interromps le mercredi. Bien trop contraignant pour moi. J'apprends que ma copine Peggy et sa sœur jumelle ont perdu une dizaine de kilos grâce à un suivi médical. Je me plonge dans l'annuaire pour prendre rendez-vous avec un spécialiste.

Le rendez-vous tombe pendant les vacances du printemps 1996. Le nutritionniste endocrinologue est installé à Nîmes, à 24 kilomètres de chez moi. Mon père accepte de m'y accompagner.

Mes parents ont une aversion pour le monde médical. Ils estiment que les seuls médecins valables sont les généralistes, les dentistes et les ophtalmologistes. Tout le reste relève selon eux

1. D'après une enquête réalisée en 2003 par l'Institut français du textile et de l'habillement, 20,6 % des Françaises portent du 40, et 16,6 % du 42.

de l'arnaque. Quand j'ai annoncé à mon père que j'allais voir un docteur pour maigrir, il a tordu la bouche et secoué la tête : « Putain, fille, heureusement que c'est la Sécu qui régale, parce que moi j't'aurais jamais payé un escroc qui va t'expliquer comment maigrir. Y a pas cinquante manières de faire : t'arrêtes de bouffer. Plus de Nutella au goûter ! Que du céleri et des carottes, point final. Va pas chercher plus loin. »

Au premier rendez-vous, le médecin prend ma mesure : 1,53 m pour 65 kilos. Il me prescrit une diète et des analyses sanguines. En voyant les menus-types du régime hypocalorique qu'il me propose, je comprends que ça va être très compliqué. Chez moi, on se nourrit grâce à l'aide alimentaire. « Batavia, limande, cabécou... Tu crois qu'ils ont ça, aux Restos du cœur ? », m'interroge ma mère quand je lui tends la liste du nutritionniste.

Le deuxième rendez-vous a lieu environ trois semaines plus tard et dure à peine un quart d'heure. Le médecin n'a pas l'air d'apprécier mon moyen de paiement : des tickets de l'AMG, ancêtre de la CMU permettant aux personnes à faibles revenus de n'avoir aucune dépense de santé à avancer.

À l'origine, j'étais allée voir ce médecin pour m'alléger de dix kilos. Voilà qu'il m'annonce que je dois en perdre vingt et m'indique que j'ai une maladie des glandes surrénales à traiter absolument. Je ne comprends pas tout, j'ai la trouille. Il me prescrit un cocktail de médicaments. D'abord des œstrogènes – des hormones femelles – et un médicament du nom d'« Androcur », qui freine la production et l'action des androgènes, les hormones mâles. Ces médicaments-là vont m'accompagner pendant dix-huit ans, jusqu'à ce que j'apprenne que les traitements hormonaux augmentent le risque de cancers du sein ou de l'appareil génital. Sur l'ordonnance, il y a aussi des coupe-faim et des boissons diurétiques pour éliminer la rétention d'eau causée par un abus de sel ou de sucre.

Je commence le traitement en juin, juste avant les grandes vacances. Avec un peu de chance, je serai belle à la rentrée. Mais rapidement, des furoncles gros comme mon ongle apparaissent en masse sur mon visage. C'est dégoûtant et ça fait mal. Je ne peux même plus sourire et refuse de sortir de chez moi. Je ne veux pas être vue dans cet état. Mon corps se transforme.

Je passe mes journées dans ma chambre, France 5 et Arte en fond sonore. Je m'entoure de mes livres et de l'encyclopédie. Je lis et regarde tous les documentaires possibles, rêve du jour où je deviendrai peut-être documentariste.

À la maison, ma mère ne m'épargne pas :
— Écoute ma fille, je sens que tu as grossi, pèse-toi !
— Merde !
— Tu as un double menton qui pousse ! C'est ça, ton régime ? Tu manges en cachette ? Tu es pire qu'avant !

Ma mère a toujours peu mangé, elle se satisfait d'une boîte de sardines. Mais elle estime que pour les autres, un repas doit tenir au corps : de la viande, des féculents, des laitages. Les fruits et les légumes sont rares. Depuis que le médecin m'a mise au régime, j'ai tout le temps faim. Je ne supporte pas mes nouveaux repas constitués d'escalopes bouillies à l'eau et de haricots.

Je me pèse en cachette : j'ai pris 15 kilos. Je me persuade que la balance est cassée. En réalité, ma mutation corporelle et ce régime qui m'affame ont déjà transformé mon rapport à la nourriture en quelque chose de honteux. D'inavouable. De déviant.

Septembre 1996 : retour à l'école. Je n'entre plus dans aucun de mes vêtements. Pour mon premier jour en classe de Première, j'enfile un jogging et un tee-shirt XL. Entre mon corps enflé et mes furoncles, plusieurs camarades et enseignants ne me reconnaissent pas. Ils sont choqués, surtout par mon visage ravagé.

Pendant l'été, certaines de mes camarades sont devenues de jolies fleurs. Moi, j'ai muté en chardon. Personne ne tente de me faire la bise.

Le mercredi suivant, le nutritionniste semble choqué en me voyant. Je ne parviens pas à me contrôler et éclate en sanglots. Je monte sur la balance, le verdict tombe : 96 kilos. Devant ce chiffre, le nutritionniste hallucine, me soupçonne d'avoir englouti des montagnes de nourriture. Je nie, sors un tas d'excuses.

Le docteur m'assure que les hormones ne suffisent pas à expliquer une telle prise de poids. Je sais qu'il a raison mais je refuse de l'admettre. Il maintient son diagnostic et m'oriente sur de nouveaux dosages. Il me parle de boulimie et me laisse repartir.

Quelques semaines après cette rentrée de septembre 1996, je suis convoquée par mon professeur principal, la conseillère principale d'éducation et l'infirmière de l'établissement. L'équipe m'explique m'avoir fait une fleur en m'intégrant dans la classe de première scientifique dont l'essentiel du projet pédagogique s'organise autour d'une randonnée en moyenne montagne sur le mont Cenis. Les travaux de l'année reposent sur cette semaine dans la vallée de la Maurienne. D'après ces trois professionnels de l'éducation, j'ai privé un autre élève de cette belle opportunité de « classe rousse », une classe verte d'automne. Ils exigent de moi un certificat médical attestant mon aptitude à faire de la randonnée en moyenne montagne, sur des distances de 15 à 20 kilomètres. Je pleure et m'excuse. Ils me culpabilisent alors que j'ai besoin d'aide. Je m'en veux. Je leur en veux.

Le rendez-vous se termine, l'infirmière m'invite à rester. Lueur d'espoir : elle va peut-être me soutenir. Elle me pose quelques questions sur ma situation, cherche à savoir si je suis un traitement particulier. Je commence à me livrer. Elle me coupe : « Gabrielle, je ne te demande pas tous les détails. Je veux savoir si dans les effets notoires de tes traitements hormonaux, on évoque la sueur excessive. Ne te vexe pas, mais certains de tes camarades ont signalé à ton professeur principal que tu sentais très mauvais. Je trouve moi aussi que tu sens fort. Est-ce que tu nettoies tes bourrelets correctement ? Ils cachent peut-être des mycoses odorantes… »

Arrive le troisième rendez-vous chez le médecin endocrinologue, un peu après les fêtes de Noël 1996. Je pèse désormais 120 kilos, je m'habille en 52. En un peu moins d'un an, mon poids a été multiplié par deux et mon visage défiguré.

Je décide de changer de médecin. Cinq autres praticiens suivront le diagnostic initial. Histoire de bien ancrer cette information dans mon cerveau, je photocopie la longue définition de la « maladie des glandes surrénales » trouvée dans une encyclopédie de bibliothèque municipale. Chaque fois qu'un praticien m'annoncera ce verdict, je déciderai de ne plus le revoir. Ma vie de fugitive médicale a débuté.

CHAPITRE 3

« VOUS N'ÊTES PAS RESPONSABLE DE VOTRE ÉTAT »

Pendant quelques années, je décide de ne plus aller voir d'autre médecin que le généraliste, une fois par an. Et encore, je le vois car la cité universitaire nous impose de présenter un « certificat de non-contagion » pour garantir que nous ne sommes pas porteurs de certaines maladies. Cette requête m'oblige à savoir où j'en suis côté poids, puisque le médecin me demande systématiquement de monter sur la balance.

À l'automne 2002, j'entre en deuxième année de Deug cinéma et audiovisuel, à Montpellier. Depuis mon entrée à la fac, deux ans plus tôt, d'abord pour une année de géographie puis pour un cursus de cinéma, j'ai enfin rencontré des amis, des vrais, sur qui je peux compter. Je me sens suffisamment en confiance pour leur raconter certains épisodes de mon parcours. Ils ne m'ont jamais questionnée sur mon obésité, ils s'en fichent, ne me voient pas comme une fille malheureuse ou spécialement complexée. Je suis très active, présidente d'une association étudiante, élue au Conseil des études.

Un soir, alors que nous discutons autour d'une fondue bourguignonne, ma copine Amandine me fait part de ses inquiétudes sur mon état de santé.

— Gaby, on est à Montpellier, il y a un hôpital réputé, essaye de voir un endocrinologue ici.

— Je n'ai pas envie de me reprendre 30 ou 50 kilos dans la gueule.

Je me braque d'entrée de jeu. Pour moi, rencontrer un nutritionniste représente un risque.

— Si le médecin ne te convient pas, tu laisses tomber. Une visite ne t'engage à rien.

Printemps 2003. J'ai presque 24 ans, je prends mon courage à deux mains et me rends à l'hôpital Lapeyronie, au service d'endocrinologie, spécialisé dans le traitement des maladies hormonales. J'arrive à l'accueil. Mal à l'aise, j'annonce un peu abruptement à la secrétaire que je souhaite un rendez-vous avec un endocrinologue parce que « je suis grosse et j'ai du poil partout ». Elle me demande si je préfère un homme ou une femme. Je m'en fiche, je veux juste quelqu'un de bien. Elle sourit et me donne rendez-vous deux semaines plus tard avec une femme, Mme Dragua[1]. Si mes amis semblent contents d'apprendre cette nouvelle, moi, j'appréhende, pétrifiée devant la possibilité d'un nouvel échec, angoissée à l'idée que la médecin me propose une énième diète ou me conseille de changer mes habitudes.

Avec mes potes, nous décidons d'organiser un dîner gargantuesque le jeudi qui précède mon rendez-vous. Malgré la chaleur, nous optons pour une raclette. Une fois n'est pas coutume, nous prévoyons des petits fours en entrée, de la charcuterie « de marque » pour accompagner la raclette et de bonnes bouteilles de vin blanc – muscat de Lunel et monbazillac –, glaces, sorbets et fruits rouges pour le dessert. Le dernier repas du condamné.

Vendredi matin, 11 heures. J'arrive dans le cabinet médical. La docteure, une petite femme mal fringuée, mal coiffée et dépourvue de maquillage, m'invite à m'installer sur une chaise face à elle. À peine je lui explique pourquoi je suis là qu'une vague d'émotion m'envahit. Je perds ma voix et panique, plus aucun mot ne sort de ma bouche. La médecin tente de me rassurer :
— Écoutez Gabrielle, visiblement, vous vous êtes mis beaucoup de pression, alors on va se détendre.

---

1. Le nom a été modifié.

On n'est pas là pour se faire du mal. Si vous ne parvenez pas à me parler, je vous donnerai une feuille et un stylo. Tentez de chuchoter !

Je parviens à murmurer : « Je suis venue parce que je suis grosse et poilue », avant de fondre en larmes.

— Pour l'instant vous êtes grosse et poilue, OK. Mais il n'y a pas mort d'homme. Où en êtes-vous sur le plan médical ?

Je lui explique qu'elle est, je l'espère, la dernière d'une longue suite de rendez-vous. Je lui raconte tout, elle fait une moue bizarre.

— Déshabillez-vous, s'il vous plaît. Avez-vous une idée de votre poids ?

— En septembre, je pesais un quintal un quart.

Cette façon de désigner mes 125 kilos la met en rogne. Elle m'explique qu'elle n'est pas vétérinaire, mais médecin. Je rétorque que deux professionnels m'ont parlé ainsi de mes kilos. Elle est scandalisée, son indignation me fait un bien fou. Enfin, quelqu'un prend le temps de m'écouter. Lorsque je raconte mes péripéties à mes proches, je m'autocensure souvent. Ils me soupçonnent d'exagérer. Je ne leur en veux pas, j'ai vécu tant de scènes surréalistes.

Le docteur Dragua estime que les pèse-personnes sont à proscrire, parce qu'ils ont tendance à transformer le poids en obsession. Elle me recommande de me débarrasser du mien. Nous passons un contrat moral : je ne me pèse qu'en sa présence et je décide si j'ai envie ou non de connaître le chiffre qui s'affiche. Si je dois me rendre pour une raison X ou Y chez un autre médecin, je la préviens.

L'endocrinologue me demande de me déshabiller et de m'allonger sur la table d'examen, je m'exécute.

— Je ne me suis pas épilée depuis plusieurs semaines.

— Vous souffrez d'hirsutisme, m'apprend-elle, ce qui veut dire que vous êtes poilue aux mêmes endroits qu'un homme. C'est une conséquence de votre syndrome.

— La maladie des glandes surrénales ?

— Non, le syndrome Stein-Leventhal, les ovaires micropolykystiques.

Un nom à coucher dehors. Le syndrome de Stein-Leventhal toucherait – les données sont imprécises – entre 5 et 10 % de la population féminine. Il engendre une quasi-absence de menstruations, de l'hirsutisme, de l'acné, la perte de cheveux, un risque accru d'infertilité, de fausses couches et d'obésité.

Si cette pathologie ne se guérit pas, on peut en calmer les symptômes par des dosages hormonaux adaptés, un changement d'habitudes alimentaires et en consultant des spécialistes pour la chute des cheveux.

Le docteur Dragua s'étonne que je n'aie jamais subi d'autres examens que des bilans sanguins. Je l'informe que j'ai longtemps bénéficié de la CMU, la Couverture maladie universelle qui permet aux personnes à faibles revenus de n'avoir aucune dépense de santé à avancer. « Je comprends mieux », réagit-elle. Elle me prescrit une échographie de l'utérus et des ovaires, un scanner et tout un tas de bilans pour confirmer son diagnostic. Tout au long du rendez-vous, je n'arrête pas de pleurer.

Elle ne me dévisage jamais, son regard est doux, son ton serein.

— Écoutez, vous êtes obèse. L'obésité est une maladie. Vous n'êtes absolument pas responsable de votre état.

— Bien sûr que si !

— Bien sûr que non ! Vous n'êtes pas responsable de votre état, insiste-t-elle.

Deux semaines plus tard, les examens confirmeront son diagnostic initial. Exit la maladie des glandes surrénales après sept années de mauvais et loyaux services, bonjour le syndrome de Stein-Leventhal.

La docteure m'annonce la fin des régimes puisque, selon elle, ils débouchent la plupart du temps sur des échecs. Je vais devoir apprendre à écouter mon corps, à distinguer la faim de l'envie et à reconnaître les signes de satiété. Je ne suis pas vraiment convaincue. Elle poursuit : « Il n'existe pas d'aliments qui font grossir ou maigrir. Ce qui entraîne la prise de poids, c'est de manger après les signaux de satiété. Vous pouvez continuer à manger de tout. »

Un aliment en particulier m'obsède-t-il, quand je cherche à maigrir ? Je lui parle du chocolat. Le chocolat ne fait pas grossir, m'assure-t-elle, c'est l'excès de chocolat qui est mauvais. Pour me le démontrer, elle me donne deux exercices à faire. D'abord, pendant une semaine, me nourrir exclusivement de chocolat, à volonté et à tous les repas. Secundo, lire le livre du professeur Zermati, *Maigrir sans régime*. Je m'exécute. La semaine suivante, j'ai perdu trois kilos et le chocolat n'est – momentanément – plus une fixette. Pour le rendez-vous d'après, l'exercice consistera à noter sur un carnet, durant deux semaines, toutes mes prises alimentaires, sans mensonge, et à décrire mes ressentis.

Le docteur Dragua m'assigne un nouveau traitement : je dois continuer de prendre de l'Androcur – seul moyen de lutter contre l'hirsutisme – et remplacer les œstrogènes de synthèse par leur équivalent naturel. Je vais aussi rencontrer une dermatologue pour tenter de venir à bout de l'acné, qui me complexe bien plus que mes kilos en trop.

Je suis beaucoup moins conciliante quand la médecin me propose les coordonnées d'un psychologue. J'en ai vu un quand j'avais 15 ans à la suite d'une crise de tétanie ; ce petit homme amorphe et grisonnant était persuadé que j'étais victime d'inceste. Face à mes dénégations, il m'avait reproché d'être « la patiente la plus impolie » qu'il ait jamais vue.

Je finis par accepter d'aller voir la psychologue qu'elle me conseille. Mais j'arrête au bout de trois séances. Avoir rencontré cette endocrinologue, je le sais déjà, ne transformera pas ma vie en conte de fées.

CHAPITRE 4

L'OPÉRATION DE LA DERNIÈRE CHANCE

Depuis plusieurs années, la plupart des médecins que je croise me tannent pour que je passe sur le billard. Selon eux, je dois subir une opération de chirurgie bariatrique, aussi appelée chirurgie de l'obésité.

Il existe quatre grandes catégories d'opérations : la pose de l'anneau gastrique, la sleeve gastrectomique, le by-pass et la dérivation biliopancréatique. Pour comprendre le principe de ces actes chirurgicaux, il faut se représenter l'estomac comme une sorte de poche, précédée en amont par le tube digestif, et qui débouche, en aval, sur l'intestin.

Dans le cas de l'anneau gastrique, un cercle en silicone est placé autour de l'estomac pour lui donner la forme d'un sablier. Conséquence directe : sa taille est réduite, vous pouvez y stocker moins d'aliments. Parfois, un petit boîtier installé sous la peau, généralement au niveau de l'abdomen, permet d'ajuster l'ouverture de l'anneau et donc le volume de l'estomac comprimé.

Pour la sleeve, ou gastrectomie longitudinale, le chirurgien découpe les deux tiers de l'estomac pour donner à la « poche » la forme d'un tuyau. Outre le fait que l'estomac ne peut plus vraiment stocker de nourriture, les aliments passent beaucoup plus vite du tube digestif à l'intestin.

Le by-pass, aussi appelé court-circuit gastrique, consiste à amputer l'estomac aux quatre cinquièmes : il fait désormais la taille d'une poche de jean. Une partie de l'intestin grêle est également retirée. Cette intervention réduit la quantité de nourriture ingérable, mais elle est aussi dite « malabsorptive » : les aliments sont moins efficacement assimilés par l'organisme.

Dernière opération de la liste : la dérivation biliopancréatique. Ici, l'estomac est réduit. Une section du gros intestin est prélevée pour être raccordée au pancréas d'un côté, et à la fin de l'intestin de l'autre. Il y a alors deux passages pour les aliments, mais l'essentiel de la nourriture passe directement du pancréas au gros intestin sans être absorbé.

Aujourd'hui, en France, on réalise 50 000 interventions de ce type par an. Quatre fois plus qu'en 2001.

Un soir d'août 2016, je cherche sur la plateforme France université numérique (Fun) les futurs Moocs que je compte suivre durant l'année à venir. Un Mooc (*Massive Open Online Course*) est un cours en ligne dispensé par une université ou une grande école. Une nouvelle forme d'apprentissage développée aux États-Unis et importée récemment dans l'Hexagone. Inscrite sur la plateforme Fun depuis deux ans, je m'instruis sans avoir à affronter une classe et un prof, et sans la pression liée aux notes.

En m'inscrivant aux cours de chinois et d'arabe, je vois passer sur mon écran un cours intitulé « Chirurgie de l'obésité[1] », proposé par l'université de médecine de Toulouse. Le Mooc se présente comme un film d'animation dans lequel trois personnages fictifs, deux femmes et un homme, se tournent vers la chirurgie. Leurs noms : Gaëlle, Julie et Paul. Les femmes ont vingt ans d'écart, elles sont mamans, l'une en couple, l'autre célibataire. Paul vit seul avec son chien et ne peut plus travailler. Je m'inscris à ce cours avec la sensation de jouer à me faire peur. Je ne vais quand même pas changer d'avis au point de finir sur le billard, si ?

---

1. *Chirurgie de l'obésité* [en ligne], Mooc de l'université Toulouse Midi-Pyrénées, fun-mooc.fr.

La session de cinq semaines débute à l'automne 2016. On découvre les personnages, leur quotidien, leurs paradoxes, leurs angoisses. Gaëlle et Julie sont toutes les deux partantes pour subir une intervention de chirurgie bariatrique. Paul, lui, redoute le côté irréversible de l'opération. Je m'identifie immédiatement à lui.

Il n'a pas d'emploi, il est désocialisé. Il a déjà réussi à perdre du poids par le passé, mais il a toujours récupéré ses kilos. Désormais, il peine même à promener son chien. Atteint de diabète, Paul a déjà été opéré du cœur. Malgré ses plus de 200 kilos, il refuse de monter sur une table d'opération. Pourtant, les docteurs lui présentent l'intervention chirurgicale comme sa dernière chance.

Au fil du Mooc, Paul voit son état se dégrader et finit par être trop faible pour passer sur le billard. L'homme feint la nonchalance face à sa situation, il attend le fameux « déclic » qui le fera passer de la passivité à l'action. Il refuse de se faire hospitaliser pour éviter à son chien de rester seul.

Comment une fiction d'animation peut-elle à ce point me nouer l'estomac ? Le chien de Paul me rappelle une conversation avec une amie sur le fait que je n'ai pas d'enfant. Ce jour-là, je lui ai dit : « Je suis incapable de m'occuper de moi, comment veux-tu que je m'occupe d'un enfant ?

J'ai tellement peur qu'on dépende de moi que je refuse même l'idée d'avoir un poisson rouge. »

Nos vies solitaires de gros me font penser à cette scène du film *Requiem for a Dream*[2] où Sarah, la maman de Harry, se lance dans un long monologue. Sarah est veuve, son fils est toxicomane. Sa seule compagnie : une télé et des gâteaux. Un jour, sélectionnée pour participer à son émission préférée, elle décide de tout mettre en œuvre pour rentrer de nouveau dans la robe rouge de son passé. Ainsi, son fils sera fier et elle pourra frimer auprès de ses voisines. Rapidement elle devient accro aux coupe-faim et aux dérivés d'amphétamines que son médecin lui a prescrits. Elle achève son rêve en hôpital psychiatrique, où elle subit des électrochocs. Et, pendant ce temps-là, elle continue de rêver de sa robe rouge.

Gaëlle et Julie, les deux femmes-patientes du Mooc, vont plutôt bien de leur côté. On observe Gaëlle durant les quarante-huit heures qui suivent son by-pass. Elle a connu une légère complication : une perte de sang dans l'estomac, réglée par une perfusion de fer. Au final, tout est rentré dans l'ordre. De son côté, Julie a déjà perdu 8 kilos un mois après l'intervention.

---

2. Film réalisé par Darren Aronofsky, 2000.

Quant à Paul, on sait seulement que son état est jugé critique, puisqu'il est désormais trop fragile pour se faire opérer. Je suis effondrée. Et si moi aussi, un jour, je découvre que j'ai laissé passer ma « chance » ?

Mon angoisse vire à l'énervement, j'ai la sensation de m'être laissé piéger. En parallèle de ce Mooc, j'ai visionné des centaines d'heures de programmes télévisés dans lesquels des personnes obèses optent pour la chirurgie bariatrique. Ces programmes ne montrent jamais de patients suivis sur le très long terme, alors que c'est pourtant essentiel pour juger de l'efficacité de ces interventions chirurgicales. Une fois passée la « phase euphorique » postopératoire, au cours de laquelle le patient perd plusieurs dizaines de kilos en quelques mois, que se passe-t-il ? Pourquoi tant de personnes ont-elles subi successivement la pose d'un anneau, puis une sleeve, suivie d'un by-pass ?

À la fin du cours en ligne, un mail me demande si j'accepte de participer à une étude sur ce Mooc. Seule condition : habiter la région de Toulouse ou de Strasbourg. Après tout, je peux bien me faire passer pour une Toulousaine.

Trois mois plus tard, le 6 février, ma participation à l'étude m'est confirmée par mail. On me demande quelques informations : mon poids, ma taille, mon niveau d'études, mon job, si je vis seule ou en couple, si j'ai des enfants, si je suis une « Mooc-euse » avertie. Je réponds dans la minute. Quelques jours passent et je reçois l'appel d'une certaine Anna[3], interne en médecine au CHU de Toulouse. La jeune femme souhaite me rencontrer, elle se destine à intégrer le service nutrition de ce CHU comme médecin endocrinologue-nutritionniste. Le Mooc est son sujet de mémoire de fin d'études. Nous fixons un rendez-vous pour la semaine suivante.

Samedi 18 février, je monte dans le TGV direction Toulouse-Matabiau. J'arrive à la gare à 11 heures, je me rends directement chez Anna. Elle vit dans un joli duplex, dans le quartier Saint-Michel, le salon donne sur un immense jardin. Il fait beau, les fenêtres sont ouvertes. J'ai l'impression d'être dans une maison de poupée. Assise sur une chaise de jardin, j'ai peur de l'exploser. Je force sur mes mollets pour répartir mon poids et ne pas abîmer le mobilier.

La jeune femme me propose un café que je refuse, je me contente d'un verre d'eau. Je suis toujours très gênée quand je rencontre quelqu'un pour la première fois.

---

3. Le prénom a été modifié.

Anna est très belle. Douce, posée, cette fille dégage quelque chose de rassurant. Je l'imagine très à l'écoute de ses patients. Elle enregistre notre entretien avec une tablette prêtée par son père, elle la maîtrise mal. Du coup, nous papotons, l'atmosphère est détendue. Il y a quelque chose de cocasse dans cette situation. Elle m'étudie et, sans qu'elle le sache, je fais de même.

Bien que je lui mente sur le motif de ma présence chez elle, je décide de lui dire quelques vérités. Je lui avoue que je suis journaliste sans emploi, que je n'ai pas vraiment de logement et que je m'interroge sur la chirurgie bariatrique, même si ce type d'opération m'angoisse.

Mon entretien se fait de manière anonyme, précise-t-elle, je peux parler sans tabou. Elle commence par me demander comment j'ai découvert le Mooc.

— J'étais sur la plateforme Fun à la recherche d'un nouveau cours à suivre, et je suis tombée sur celui-ci. Ça m'a énervée.

— Pourquoi ?

— Je me suis dit que je n'en pouvais plus d'entendre parler de chirurgie bariatrique. Étant obèse, c'est un sujet qui revient souvent à mes oreilles.

— Vous seriez intéressée ?

— J'y songe depuis quelques années mais des

angoisses m'envahissent quand je me dis que je me laisserai peut-être tenter.

Mes interrogations sur la phase qui précède l'opération sont nombreuses. D'autant que sur les forums, les astuces foisonnent pour « feinter » l'entretien psychologique préalable à toute intervention. Les interventions sont refusées aux personnes souffrant de troubles du comportement alimentaire ? « Pas de problème ! », se rassurent certaines aspirantes à l'opération sur des forums en ligne, il suffit de se présenter comme « un bon vivant » doté d'un « gros appétit ». Autre stratagème développé par les patients qui rêvent d'une intervention : mentir sur leur IMC le plus élevé – la chirurgie est réservée aux personnes dont l'Indice de masse corporelle dépasse 40.

L'interne me confirme l'existence de dérives, et argue que les protocoles pratiqués en CHU – dans le public donc – sont bien plus rigoureux que ceux pratiqués en clinique. « Le CHU n'a aucun intérêt à accélérer les protocoles, contrairement aux cliniques. L'hôpital est plus rigoureux que la clinique. »

Après une heure d'échange, Anna éteint sa tablette et me demande si j'ai d'autres questions à lui poser. Je l'interroge sur l'objectif réel de ce

Mooc. Est-ce une sorte de préparation à un processus opératoire ? Elle me répond que l'étude va aider à peaufiner le cours afin de le proposer comme base d'information pour les futurs opérés et leurs proches.

Avant mon départ, Anna me propose d'être suivie au CHU pour mon obésité. Je décline en souriant. Sa porte reste ouverte, si je change d'avis.

Je refuse l'idée que l'on puisse m'amputer ou me dériver un organe entier. Pourtant, je sais que ces opérations permettent de perdre plusieurs dizaines de kilos en un an. Et, je l'avoue, j'envie ces amincissements spectaculaires.

Oui, mon poids me gêne pour des raisons esthétiques, et parce que, désormais, il me freine. Je suis constamment essoufflée, en sueur. J'ai peur de sentir mauvais. Je me sens honteuse de me faire doubler par des mamies dans la rue.

Oui, j'en ai assez de devoir fuir les bars dont les chaises ont des accoudoirs. Oui, je rêve de découvrir d'autres façons de faire l'amour, parce que mon ventre m'interdit les positions les plus fusionnelles. Et oui encore, j'adorerais faire un voyage en Amérique latine... mais comment grimper jusqu'au Machu Picchu si le moindre changement dans le métro parisien m'épuise ?

Néanmoins, quand je réfléchis à la possibilité de la chirurgie, la liste de « contre » l'emporte largement. Je trouve ce procédé barbare, d'une violence incommensurable. Le principe consiste à attaquer un organe sain, l'estomac, pour l'amputer à plus ou moins grande échelle. Je n'arrive pas à accepter l'idée de me débarrasser d'une partie fonctionnelle de mon corps. J'ai déjà dû me préparer psychologiquement à l'éventuelle ablation de mes ovaires et de mon utérus, parce que mon dérèglement hormonal prédispose aux cancers de ces deux organes. Ça me suffit.

Après une opération de chirurgie bariatrique, des complications peuvent survenir, « même longtemps après l'opération », rappelle la Haute autorité de santé. Ces interventions impliquent « un suivi régulier à vie », « des difficultés liées à la modification de l'image du corps et des relations avec les autres ». Enfin, le patient opéré ne peut plus s'alimenter normalement, il doit fractionner ses repas en cinq prises par jour, préparer de microportions – un ramequin de purée, deux cuillerées à soupe de poulet mixé – et boire en dehors des repas. Socialement, c'est contraignant.

Pour moi, avoir recours à la chirurgie bariatrique revient à lobotomiser un dépressif, ou à coudre les lèvres d'une personne qui ne parvient pas à arrêter de fumer. Certes, ces interventions peuvent s'avérer techniquement efficaces, au moins à court terme. Mais à quel prix ?

CHAPITRE 5

LE MONSTRE DU MIROIR

Fin juillet 2016. J'ai les boules. À 37 ans, je rentre une fois de plus chez mes parents, dont je n'ai pas eu de nouvelles pendant un an.

Je crains le retour, ce sentiment de déjà-vu, ce nouvel échec. C'est la troisième fois que cette situation se produit. Et si je me réfère aux fois précédentes, revenir à la maison n'était pas l'idée du siècle. Mais quand on perd son travail et son appartement, on se raccroche au seul endroit où l'on est sûr d'avoir un minimum de confort, un lit et le ventre plein.

Pendant les presque trois heures de trajet du TGV Paris-Nîmes, j'ai l'estomac noué. J'arrive à la gare, appelle ma frangine Virginie. Nous avons quatre ans d'écart, je suis l'aînée. Après elle vient Stéphanie qu'on appelle Fanny, née sept ans après moi. Mes sœurs ont toutes les deux connu des variations de poids. Aujourd'hui, Virginie complexe de son 38 tandis que Fanny se trouve jolie, qu'elle porte du 38 ou du 46.

Virginie vit à Uzès avec ses deux enfants de 7 et 5 ans. Elle a longtemps travaillé en maçonnerie avec mon père. Désormais travailleuse agricole, elle a un emploi du temps serré. « Personne ne peut venir te récupérer », m'annonce-t-elle. Je dois attendre le bus trois longues heures en gare de Nîmes. J'achète une citronnade en bouteille et quelques magazines : *Sciences et Avenir*, *Mad Movies* et *Geek le Magazine*. Je ne les lis pas. Mon car arrive, nous sommes dix à y monter, la clim est à son maximum. Nous partons pour un trajet de cinquante minutes.

Vingt-cinq kilomètres de garrigue et de bois séparent Nîmes et Uzès. Interdiction de fouler le sol de ce tableau bucolique, propriété de l'armée. J'aperçois la pointe du château ducal, une dizaine de kilomètres avant d'arriver à bon port.

Uzès est une commune plutôt bourgeoise, une belle cité inscrite au patrimoine historique par la loi Malraux. J'ai toujours détesté cette vision de carte postale. Moi, je viens d'un quartier HLM situé en périphérie de la ville, à deux kilomètres de l'arrêt de bus. Me revoilà, après avoir tant lutté pour quitter cet endroit.

Durant mon année de première, celle où je me suis transformée en Quasimodo, j'ai développé des pathologies imaginaires pour éviter d'aller en classe. Ne supportant ni ma famille, ni mes camarades, ni mes profs, je somatisais à chaque contrariété. Mon père appelait ça des « maladies diplomatiques ».

Après cette année de torture, j'entre en terminale, où je développe un amour pour l'école buissonnière. Le matin, au lieu de me rendre au lycée, je pars me poser sur un banc dans la vallée d'Eure, avec des bouquins et des pains au chocolat. Je lis des essais, des livres historiques, ésotériques, scientifiques, techniques et improbables comme *La Psychosynthèse* dans la collection Que sais-je. Je me sens bien. Je m'imagine devenir intellectuelle – je croyais que c'était un métier – ou alors reporter de guerre.

Quand il pleut, je simule des maladies pour rester au fond de mon lit. Je ne vais pas au lycée mais j'apprends autrement, par la lecture intensive. Ma mère, elle, pique des crises de nerfs en me voyant cloîtrée toute la journée.

Juin 1998, l'année scolaire touche à sa fin ; sans grande surprise, je rate mon bac S. Je redouble, me retrouve dans une nouvelle classe de Terminale. Je vis dans l'angoisse. Ayant déjà repiqué ma

Seconde, j'ai désormais deux ans d'écart avec les autres élèves. Ils me méprisent. Pour eux, je suis l'obèse qui ne vient jamais en cours.

J'évite le lycée. En plus des maladies, j'invente beaucoup de décès. J'ai dû enterrer tous les membres de ma famille, plusieurs fois. Et quand je ne me prétends pas malade, je le suis vraiment.

En juin 1999, je repasse mon bac. Mes notes sont inférieures à celles de l'année précédente. Je ne suis pas surprise mais je craque et me demande comment j'en suis arrivée là. Au cours de ma scolarité, plusieurs professeurs m'ont qualifiée d'élève brillante, et moi, je ne fais rien pour arranger ma situation.

J'appelle mon père, il me menace d'entrée de jeu :

— Vaut mieux pour toi que t'aies eu ton bac cette fois-ci !

— T'inquiète papa, je l'ai. J'ai une mention passable, du coup je peux pas être prise d'office à Science Po Aix. Va falloir passer le concours d'entrée.

— Ça veut dire quoi ?

— Que je prends une année sabbatique pour le préparer.

— OK.

Au lendemain des résultats du bac, mon père cherche mon nom dans le journal local, en vain. Je le rassure, il s'agit sûrement d'un oubli, j'ai bien eu mon bac.

Je décide de me prendre en main et de passer un bac littéraire en candidat libre via le Cned, le Centre national d'enseignement à distance. Je réclame 3 000 francs à mon père pour une prétendue « prépa au concours d'entrée à Sciences Po ». Il accepte. Je suis surprise de voir à quel point ce mensonge ne me pose pas le moindre problème. Ma mère ne comprend pas tout, mais une chose l'arrange : elle voulait que je reste un an de plus à la maison pour surveiller ma plus jeune sœur qui commence à fumer et à sécher les cours.

Je reçois mes cours du Cned fin août 1999. Par flemme, j'attends plusieurs mois avant d'ouvrir mes cahiers. À l'approche des épreuves, je passe un pacte avec moi-même. Si je rate à nouveau mon bac, je me laisse trois possibilités : le suicide, l'exil en Angleterre ou l'achat d'un appareil photo et d'un vélo pour faire un tour d'Europe. Peut-être pourrais-je alors devenir reporter photo ?

Finalement, je décroche mon bac. Impossible d'extérioriser ma joie puisque, à l'exception de deux copines, personne ne savait que je l'avais loupé l'année précédente. Pour mes parents, j'avais juste foiré Sciences Po. Je m'inscris alors en fac de géographie à Montpellier, ravie de quitter Uzès.

Depuis ce départ, en 2000, j'ai toujours vécu comme un échec les retours chez mes parents. Combien de temps durera l'épreuve cette fois-ci ?

Il est 16 heures quand je descends du bus. Il fait très chaud et mes bagages sont lourds. J'allume le MP3 sur *Pilule*, de Saez, et je me mets en marche. Je m'arrête tous les deux cents mètres, me maudis d'en être arrivée là. Mes parents ne souhaitaient pas me voir partir à Paris, je suis pour eux une rêveuse qui pète plus haut que son cul.

J'arrive à la maison, en nage et de mauvaise humeur. Ma mère m'attend, souriante, heureuse de me retrouver. Elle s'approche pour m'embrasser mais je la rembarre en criant. Mon attitude la peine mais c'est plus fort que moi.

Je ne supporte pas le contact, en particulier avec mes parents et plus largement, avec ma famille. Je suis incapable de les toucher. Les embrasser, c'est encore pire. Petite, je hurlais quand je devais faire la bise à un adulte. Si un jour je consulte un psy, il s'attardera sans doute sur cette réaction épidermique.

Pour ma famille, j'ai toujours été une sauvage qui déteste le contact physique, rien de plus. Mon attitude n'a jamais évolué. À onze ans, mon père m'a expliqué que j'étais assez mature pour regarder *7 sur 7*, l'émission politique du dimanche soir, alors j'ai rétorqué : « Si je suis assez grande pour regarder cette émission de télévision, je suis assez grande pour ne plus avoir à vous embrasser. » Depuis, je ne fais la bise à mes parents qu'aux anniversaires. Et c'est déjà trop.

À la maison, je me sens oppressée, hypersensible, violente, prostrée et hypersomniaque. Avec mes sœurs, on appelle ce lieu « la maison du sommeil ». Quand j'y habite, je peux faire des nuits de douze heures et des siestes de quatre heures.

Je rejoins ma chambre. Deux murs bleus, deux murs verts. Aucune déco, je déteste ça. Juste un lit, un bureau, une télévision, une armoire, une commode et des dizaines de cartons entassés ici et là. Je m'allonge et m'endors ; je me réveille en sursaut une heure plus tard. Mon père est dans la cuisine, en train de lire son journal.

— Ah papa, tu es là ? T'aurais dû venir me réveiller !

Il ignore ma remarque. Je lui demande s'il compte rester manger pour le dîner. « Trop occupé. » Il grommelle, se lève et part.

Mes parents ont divorcé quand j'avais 13 ans mais ils vivent leur séparation d'une curieuse manière : mon père vient régulièrement passer du temps chez ma mère. Tous les vendredis et dimanches, il s'installe à sa place dans la cuisine où son journal, son Coca puis son café l'attendent. Il reste silencieux, il déteste parler avec nous. Son attitude exaspère ma mère, véritable moulin à paroles. Aucun des deux n'a refait sa vie. Ils sont tous les deux présents à chaque Noël ou anniversaire, et s'offrent même des cadeaux.

En société, mon père est perçu comme un homme drôle et charismatique. Où qu'il aille, les gens ont envie de s'approcher de lui, de l'écouter parler, briller, enchaîner les moqueries. Mes potes préféraient aller boire un café avec lui plutôt qu'avec moi.

Mon père m'a toujours reproché mon prétendu manque d'intelligence sociale, de rester trop enfermée avec mes bouquins et de ne pas vivre assez. Il a probablement raison. Mon père est aussi sanguin, impulsif. Il peut être très blessant. Son caractère lui a valu des emmerdes : beaucoup de gardes à vue liées à des bagarres ou à des dégrisements, et même un bref séjour en prison entre 1980 et 1981, après avoir joué au cow-boy dans la ville en tirant au fusil en pleine rue.

Il est narcissique, s'admire et éprouve le besoin de plaire. Mais il se sent vite oppressé. D'ailleurs, il a choisi de vivre au milieu de la garrigue comme un ermite, dans une cabane alimentée en eau par un puits et en électricité par un groupe électrogène et quelques panneaux solaires, son sas de décompression au milieu de la cambrousse avec ses chiennes, ses poules et son potager.

Je retourne dans ma chambre, j'entends ma mère rentrer de son rendez-vous chez le kiné. Une heure plus tard, le repas est prêt. Je rapplique dans la cuisine et réprimande ma mère en voyant le menu du soir.

— Du hachis parmentier et des îles flottantes ? C'est léger, ça ?

— Gaby, c'est pour te faire plaisir, tu ne vas quand même pas me reprocher de te faire à manger !

— Léger, maman ! Léger !

— Tu viens à peine d'arriver et c'est déjà la guerre.

Elle part regarder *Plus belle la vie*.

— Et ton repas, maman ?

— J'ai pas faim, il fait trop chaud pour manger. Une tomate me suffira.

J'ai le sentiment qu'elle se remplit indirectement en me nourrissant. Sûrement le meilleur moyen, pour elle, de ne pas grossir. J'accepte quand même ce dîner. Il faut bien l'admettre, elle me met face à moi-même et à mon incapacité à refuser sa nourriture. J'ai l'impression de retourner en enfance, quand elle vidait discrètement son assiette dans la mienne pour éviter que mon père lui ordonne de terminer son repas.

Quand ma mère rencontre mon père, elle a 17 ans, lui 24 ; elle pèse 40 kilos, porte des tee-shirts taille 8 ans et des pantalons taille 32. La vie ne l'a déjà pas épargnée. Elle a perdu sa mère, Gabrielle, après la défaillance d'un pacemaker trop usé. J'ai hérité de son prénom : sans doute le premier poids que ma mère m'a fait porter.

Petite, ma mère était boulotte et adorait se gaver de pains au chocolat ou se préparer d'immenses sandwichs pour ses goûters. Quand sa mère meurt, en 1977, sa vie devient chaotique. Elle perd l'appétit, commence à maigrir. Certaines de ses dents tombent.

Mes parents sont très différents. Ils croient dur comme fer que leur rôle se définit par leur sexe. Ma mère a été femme au foyer jusqu'au moment de leur divorce. Elle s'occupait de son mari, des enfants, du chien et de la maison. Tout laissait supposer que ce statut lui convenait. Une sorte de catho de gauche non pratiquante mais très croyante. Superstitieuse, même.

Ma mère voulait des garçons. Plusieurs garçons, mais pas de fille. Pendant toute sa grossesse, elle m'a appelé « David », persuadée que son ventre portait un fils. Une vieille Gitane lui avait confirmé cette information en touchant son ventre.

Mon père n'a pas assisté à l'accouchement mais ce jour-là, avant d'arriver à la maternité, il a cru comprendre que ma mère avait eu des triplés, deux gars et une fille. Il a même fêté la nouvelle avec mon oncle Étienne. À son arrivée à la maternité avec le champagne, il découvre ma mère, seule avec moi.

— Ils sont où, les deux autres ?

— De quoi tu parles ?

— De mes fils !

— On n'a pas de fils. Nous, on a la fille, là.

— Ah, on a la pisseuse ? Bon, ben, on va garder la bouteille de champagne pour son mariage, du coup !

Mes parents adorent me raconter cette anecdote autour de ma naissance. Quant à la bouteille de champagne, elle attend toujours dans le placard de la cuisine. Mon père refuse que j'y touche.

Ma mère n'avait prévu aucun prénom féminin. Le seul qui lui est venu en tête fut celui de sa mère, Gabrielle.

Outre le poids du prénom, ma mère m'a aussi transmis la détestation d'être une femme. Après chaque grossesse, elle a pleuré d'avoir enfanté des filles : elle-même déteste en être une. Elle rechignait à nous pomponner ou nous faire des coiffures. Pour elle, la féminité n'était qu'un lot de mauvaises nouvelles.

Le pire est venu avec la puberté. Un jour, j'avais 10 ans, je suis sortie des toilettes en hurlant, je venais de voir ma « mounine » poilue. J'étais en pleurs. Elle s'est assise avec moi.

— Écoute Gaby, ça ne sert à rien de pleurer, t'as pas le choix. Tu deviens une jeune fille. Tu vas avoir de plus en plus de poils, y compris sous les bras, et tes seins vont grossir aussi.

— Mais je veux pas !

— C'est pas le pire. Les femmes ont quelque chose qui s'appelle les règles. Une semaine par mois, tu vas souffrir du bas-ventre, la douleur te paralysera, tu saigneras, tu devras porter des protections.

— Hein ?!

— À partir de ce moment-là, si tu couches avec un garçon, tu pourras tomber enceinte alors je te préviens : ne me ramène pas le ballon ! C'est ça être une femme, c'est des problèmes, encore et toujours des problèmes.

Elle était focalisée sur les grossesses adolescentes, phénomène bien connu dans ma famille. Mes cousines – les filles de sa sœur aînée – ont eu leur premier enfant respectivement à 13, 14 et 15 ans.

Ma mère chassait notre féminité. Elle nous interdisait de porter des collants, m'achetait des brassières au lieu de soutiens-gorge, refusait que nous nous rasions les aisselles ou les jambes – nous le faisions quand même. Toute forme de coquetterie était malvenue.

C'était violent, je racontais autour de moi que j'aurais voulu être un garçon. D'ailleurs, je les imitais. À Noël, l'année de mes 9 ans, j'avais commandé un ballon de foot et je m'entraînais au tir contre le mur de notre immeuble. Je regardais *Olive et Tom*, singeais Olive, parlais à mon ballon de foot et le flattais. Je regardais les matchs avec mon père, fière d'être la seule fille de l'école à connaître Manuel Amoros ou Jean Tigana.

Pour mon baptême, je devais avoir 5 ou 6 ans, mes parents avaient organisé un méchoui sur un terrain situé en plein milieu de la garrigue, devant un vieux camping-car servant de maison à un ami de la famille. Ma mère n'a pas voulu que je reste en robe une fois la cérémonie religieuse terminée. J'ai enfilé un short. Mon père, mes oncles et mon cousin Kiki étaient torse nu alors je les ai imités. Je me souviens avoir été fessée quand j'ai enlevé mon tee-shirt. Mon père lui a crié dessus : « C'est bon, elle n'a pas encore de tétés. » J'ai aussi eu droit à une leçon de morale provoquant chez moi un sentiment d'incompréhension.

— Tu ne peux pas retirer ton tee-shirt, Gaby ! Tu n'es pas un garçon !

— Mais papa dit que je peux !

— Non, tu ne peux pas ! Tu es grosse, on dirait que tu as des seins, c'est non !

Mes parents ne sont pas méchants, loin de là. Mais ils ont de sérieux problèmes concernant leur image. Quand mon père passe devant un miroir, il lance à son reflet : « Putain qu'il est beau ce type ! » Il s'aime autant que ma mère se déteste. Il s'exhibe autant qu'elle se cache.

Pour ma part, je ne comprends pas qui j'ai en face de moi quand je me place devant une glace. Je vois mon reflet comme totalement étranger à ma personne. Ce reflet n'apparaît jamais dans mes rêves. Je me sens difforme. J'ai la même impression en me voyant sur les photographies. Pourquoi le monstre du miroir vient-il aussi sur mes clichés ?

Si j'isole les éléments, je peux les trouver beaux. Je trouve mes yeux superbes. J'aime ma bouche en cœur. J'aime mes taches de rousseur. Et pourtant, je déteste l'ensemble. Je n'avais d'ailleurs pas de miroir chez moi. Quant au reste de mon corps, je l'occulte. Il n'existe pas.

Je me suis rendu compte que ce phénomène était relativement classique chez les personnes obèses en lisant un texte[1] de la psychologue Brigitte Quintilla. Elle évoque une « rupture avec le miroir » qui « va permettre à certains de préserver, dans leur imaginaire, une image d'eux plus "mince". » Cette coupure avec le « corps vu » s'accompagne souvent d'une coupure avec le corps tout court : « En plus de l'évitement de l'image spéculaire, les patients obèses nous confient souvent avoir du mal à se mouvoir et limiter de plus en plus leurs mouvements afin de se défendre au maximum des désagréments liés au surpoids, comme l'essoufflement, les douleurs diverses. En se coupant ainsi de son ressenti corporel, le patient finit par cesser d'habiter son corps "réel", pour habiter un monde fait d'images dans lequel il ne peut plus être atteint ou anéanti narcissiquement. »

Ce phénomène peut accélérer une désocialisation et des failles identitaires pouvant entraîner

1. Brigitte Quintilla, *Le corps obèse/corps signifiant, au cours de l'amaigrissement*, *Diabète & Obésité*, vol. 10, numéro 89, mai-juin 2015.

des « états dissociatifs » entre réalité et fantasme. Dès lors, lorsqu'une personne obèse s'adresse à un chirurgien, Brigitte Quintilla recommande de bien cerner son état psychologique. Car l'amaigrissement automatique qui va suivre une opération confrontera le patient à son corps oublié. Cela peut conduire à une libération ou à un choc fatal.

Le poids est un sujet particulièrement sensible à la maison. Ma mère s'est toujours plainte auprès de moi de se sentir trop grosse. Même quand je pesais trois fois plus lourd qu'elle. Si j'ai parfois réussi à discuter avec elle de son rapport à la nourriture, il m'est impossible de lui parler du mien. Mon obésité est désormais un sujet tabou entre nous, ce qui n'empêche pas ma mère d'être fière de mon projet de livre.

Quant à mon père, quand j'ai commencé à lui parler de ce livre, il m'a d'abord demandé si je n'avais pas honte d'écrire « sur ce sujet-là ». Puis il m'a suggéré de signer sous un autre nom.

À force d'être travaillé au corps, il a fini par revenir sur sa rencontre avec ma mère, « à la mort du disco ».

— Tu sais quelle taille de chemise portait ta mère quand je l'ai rencontrée ?

— Du 8 ans, je sais.

— Maintenant elle est grasse, on dirait une truie !

— Elle s'habille en 38, elle n'est pas grasse.
— Moi, à l'époque, je m'habillais en 32.
— Vous deviez vous faire mal avec vos os saillants…

Mes parents perçoivent cette époque comme l'apogée de leur beauté. Pour eux, la maigreur est synonyme de beauté. Et tout ce qui n'est pas maigre est gros. Donc laid.

CHAPITRE 6

« JULIE SLEEVE » ET « MARIE BY-PASS »

Décembre 2016. Après deux mois passés en Picardie, dans une résidence d'artistes autogérée où j'ai trouvé refuge, je dois me rendre à Paris. Une soirée avec des amis me pousse à faire un saut au salon de beauté, près du métro Crimée, dans le XIXe arrondissement.

J'ai prévu un forfait visage : épilation lèvres, sourcils et menton, suivie d'un soin hydratant avec massage. Je me déshabille, m'installe sur la table et ferme les yeux. Une musique douce me berce. Une esthéticienne se présente à moi, elle s'appelle Anita[1]. Après quelques échanges, elle me confie qu'elle est « sleevée ».

Sans doute poussée à la confidence par mon poids, elle m'apprend ensuite qu'elle en est à sa deuxième intervention de chirurgie bariatrique,

1. Le prénom a été modifié.

après un anneau posé à 18 ans. Elle risque de ne pas s'arrêter là. Anita a repris 27 kilos sur les 60 qu'elle avait perdus, son médecin l'oriente désormais vers un by-pass.

— C'est de ma faute si j'ai repris du poids, se plaint-elle. Depuis que je travaille, je n'ai plus le temps de faire du sport et, à chaque goûter, je m'offre une pâtisserie. Je bois du Coca aussi. Enfin, j'en buvais jusqu'à la semaine dernière, car on m'a expliqué que le gaz pouvait faire sauter les agrafes de ma sleeve.

Les recherches médicales imputent aux boissons gazeuses la propriété de dilater l'estomac, et donc de contrer les effets d'une opération. Théoriquement, les patients opérés seraient en capacité de boire une coupe de champagne ou un Perrier de temps en temps. Mais les médecins préfèrent leur interdire complètement ces boissons pour que les opérés se défassent de leurs anciens comportements néfastes.

Anita voulait déjà se faire opérer quand elle était adolescente. Mais à l'époque, il était quasiment impossible pour un mineur d'obtenir le feu vert pour une intervention. Elle a pris son mal en patience et attendu la majorité, elle qui ne pouvait pas espérer décrocher un stage ou un job en alternance dans l'esthétique avec son « physique incompatible ».

Après l'échec de l'anneau et de la sleeve, il lui reste désormais l'option by-pass gastrique. Anita hésite encore, cette nouvelle chirurgie l'effraie. La liste des complications possibles publiées par la HAS a en effet de quoi la refroidir : ulcère, fuites ou rétrécissement au niveau de la jonction entre l'estomac et l'intestin, hémorragies, blocage partiel ou total de l'intestin, carences nutritionnelles, constipation et dumping syndrome[2]. Sans oublier le taux de mortalité lors de l'intervention : un patient sur deux cents.

Une fois de retour à l'auberge de jeunesse, sur les conseils de mon esthéticienne sleevée, je me plonge dans des groupes de discussion dédiés sur Facebook : « Sleeve, by-pass, anneau : adieu les kilos en trop » ; « Éditions recettes bariatriques » ; « By-pass sleeve - si on en parlait ! ».

Je n'interviens jamais, je lis. À l'origine, il s'agit de forums d'entraide où les personnes opérées racontent leurs misères et leurs victoires. Elles postent des photos avant et après l'intervention chirurgicale pour exposer le changement de leur

---

2. Le dumping syndrome comporte deux phases : une précoce, dans les trente minutes après le repas (palpitations, sueurs, tachycardie, hypotension, besoin de s'asseoir ou de se coucher, syncope), puis une phase tardive, entre une à trois heures après le repas, avec une hypoglycémie plus ou moins sévère.

corps, ainsi que des clichés de leurs repas. Des sessions live permettent aux internautes de poser des questions en direct à des personnes ayant eu recours à la chirurgie.

Je relève une large majorité de femmes parmi les intéressés. Logique : si la proportion de femmes obèses est légèrement supérieure à celles des hommes – en 2012, en France, on décomptait 15,7 % d'obèses chez les femmes contre 14,3 % des hommes[3] – en revanche, chez les opérés, huit personnes sur dix sont des femmes. Il faudrait presque dire « les opérées ».

Parcourir ce genre de forums me met mal à l'aise. Les gens se définissent par leurs opérations : « Julie Sleeve », « Ma vie ma sleeve », « Marie[4] By-Pass ».

Il y a d'abord cette question de Marie By-Pass : « Hello, combien avez-vous perdu et en combien de temps? » Les réponses affluent, par centaines. « Alors moi, sleevée en octobre à 114 kilos – aujourd'hui 89 avec des paliers de trois semaines – je suis épuisée mais je revis. »

---

3. Chiffres tirés de l'étude Obépi, enquête épidémiologique nationale sur le surpoids et l'obésité pilotée par l'Inserm, Kantar Health et les laboratoires privés La Roche. Selon elle, les individus ayant eu recours à une intervention chirurgicale pour un problème de poids sont essentiellement des femmes : 78,7 %, alors qu'on dénombre 54,7 % de femmes chez les individus obèses non opérés.

4. Les prénoms ont été modifiés.

La période d'amaigrissement postopératoire est appelée « phase euphorique[5] » ou « lune de miel postchirurgie » par les psychologues. Elle joue un rôle central dans l'explosion de la chirurgie de l'obésité. Les patientes sont les meilleures ambassadrices qui soient. Elles fondent à vue d'œil, selfies à l'appui. Elles sont tout simplement heureuses. Guillaume Becouarn, chirurgien spécialiste de l'obésité, précise à ce sujet[6] : « A contrario de toute autre chirurgie, la chirurgie bariatrique doit beaucoup aux patients et plus particulièrement aux associations et autres groupes d'influence qui ont œuvré pour la faire accepter par les pouvoirs publics. »

Face à cet étalage numérique des kilos en moins, deux types de réactions se manifestent souvent : « Quoi, tu as perdu tout ça ? » ou « Quoi, tu n'as perdu que ça ? Tu dois trop manger, moi à la même période post-op que toi j'étais à 79, demande un TOGD (test du "transit oseo-gastro-duodénal[7]") ou appelle une diet' (diététicienne),

---

5. Aurélie Choiset et Florence Sordes-Ader, *Chirurgie de l'obésité et qualité de vie, ses déterminants et son évaluation, Diabète & Obésité*, vol. 9, hors-série n° 8, novembre 2014.
6. Guillaume Becouarn, *Chirurgie de l'obésité, comment et pour qui ?*, *Diabète & Obésité*, vol. 9, numéro 84, novembre 2014.
7. Examen réalisé en radiologie avec un produit de contraste afin de vérifier que l'estomac et l'appareil digestif ne « fuient » pas.

c'est pas normal ! ». Les discussions virent au concours de celle qui fondra le plus vite.

Certaines étalent fièrement leurs nouvelles habitudes alimentaires. Nathalie[8] poste une photo de son dîner : une pomme dauphine et trois haricots verts. « Repas du soir, j'ai pas pu finir, je suis repue, BB[9] estomac déborde ! » Nombre d'opérés donnent ce petit nom à leur organe fraîchement amputé. Des dizaines de personnes répondent à Nathalie : « Non mais t'as réussi à manger tout ça ? Moi BB estomac refuse ! » ou « Quoi ? Mais tu ne tiendras pas si tu ne manges que ça, prends un Kiri pour les protéines ». Une certaine fierté bien compréhensible se dégage de toutes ces photos. Ces femmes parviennent à réduire de façon étonnante la quantité de nourriture ingérée pendant leurs repas, chose impensable pour la plupart des personnes obèses.

Sur le site du centre de traitement de l'obésité Montpellier[10], je suis un jour tombée sur des idées de repas pour la nouvelle vie des personnes opérées. Au menu : à 8 heures, un Actimel allégé avec un demi-pot de compote. À 10 heures, yaourt 0 % sans sucre. À 12 heures, une purée

8. Le prénom a été modifié.
9. Abréviation de « bébé ».
10. Le MOM, centre Millénaire Obésité Montpellier.

d'épinards accompagnée d'un Carré frais Gervais 0 %. À 15 heures, un demi-pot de compote sans sucre accompagné d'une boule de sorbet. Enfin, à 19 heures, une soupe de carotte additionnée d'un œuf dur mixé, et un autre demi-pot de compote sans sucre. Bon appétit.

Toujours moins glamour, on trouve aussi sur les forums des photos sur lesquelles les femmes exhibent leur « peau pendante ». « Salut, je m'appelle Cindy, quatorze mois de combat, 70 kilos de moins, maintenant je dois me faire opérer du tablier, j'aimerais un bodylift. » Dans le jargon de ces femmes ayant eu recours à la chirurgie bariatrique, le « tablier » désigne la zone abdominale, et le bodylift consiste à retirer l'excédent de graisse et à retendre la peau dans la zone du bassin. Les mêmes commentaires tournent en boucle : « Mais t'as fait du sport ? » ; « T'as mis quelle crème ? » ; « Fais voir tes bras ? ».

Les posts tournent globalement autour de thèmes récurrents : « Je fais un IMC de 38, pensez-vous qu'on va m'opérer ? », « Je suis à la CMU, peut-on me demander de payer quand même ? », « Mon mari est à la mutuelle Untelle, combien elle rembourse ? ». La plupart des opérations sont remboursables par la Sécurité sociale, sous certaines conditions, comme prouver qu'on se trouve en échec de traitement médical, nutritionnel, diététique et psychothérapique depuis au moins six mois. Ces critères sont fixés par la Haute autorité de santé.

D'autres questions posées de manière récurrente témoignent du manque d'information mises à disposition des personnes opérées : « Mes cheveux tombent par poigné, que faire ? », « Comment combler les carences en vitamines et protéines ? », « Est-il vrai que les couples se séparent après l'intervention ? », « Est-ce que mon estomac peut repousser ? ».

Une forme de misère psychologique règne sur ces forums. Certaines personnes ont subi les trois opérations, anneau, sleeve puis by-pass, et désespèrent de réussir à stabiliser leur poids. D'autres fustigent ces opérations. Les facteurs favorisant l'obésité sont nombreux, et un clivage se crée la plupart du temps entre ceux qui ont toujours eu de mauvaises habitudes alimentaires, ceux qui souffrent de troubles hormonaux et ceux qui font l'objet de problèmes psychologiques. Sans compter que certains cumulent ces différents troubles.

La blogueuse et militante féministe antigrossophobie Daria Marx m'a dit à ce propos : « Pour moi, les logiques des forums pro-bariatriques sont les mêmes que celles des forums "pro-ana" (pro-anorexie). Les meufs expliquent comment gruger les examens médicaux, comment elles veulent être opérées à tout prix, comment prendre du poids pour avoir le bon IMC, comment manipuler le psy. On croit rêver. »

Daria Marx relève le paroxysme atteint avec l'exemple de Loana, l'ex-star de l'émission de téléréalité *Loft Story*. « Loana concentre à elle seule toutes les souffrances que le corps d'une femme peut endurer. Elle s'est faite sleever en Tunisie il y a quelques semaines car, pour ses 40 ans, elle veut retrouver sa silhouette de l'époque *Loft Story*. En France, jamais elle n'aurait pu être opérée : elle a des "TCA" (Troubles du comportement alimentaire), elle est polytoxicomane, alcoolique, dépressive chronique. Quand elle était dans le loft avec son corps parfait, elle était la risée de tous car elle était le cliché de la bimbo, surfaite etc. Elle tombe dans l'enfer de la drogue, l'alcool, la dépression. À 120 kilos, elle est toujours la risée. On devrait tous être peinés pour elle. Pas lui cracher dessus. Nous, les femmes, on ne peut jamais gagner : bimbo on perd, grosse on perd. Au secours ! »

La chirurgie bariatrique est loin d'être miraculeuse. « Une reprise de poids survient – quel que soit le type de chirurgie – en moyenne 18 à

24 mois après l'intervention », explique Patrick Ritz[11], professeur au CHU de Toulouse. Même s'il ne s'agit en moyenne que de 30 % du poids perdu, cela peut conduire le patient à des échecs aux formes multiples.

Dans un article[12] de la revue *Diabète & Obésité*, principalement destinée aux professionnels de la santé, la psychologue Brigitte Quintilla décortique avec finesse les phénomènes qui surviennent après la phase d'amaigrissement : « Le sujet peut avoir à renoncer à certaines de ses attentes : non, son corps ne rajeunira pas ; non, il ne se musclera pas tout seul ; non, la peau ne va pas se retendre ; non, son corps mince ne lui permettra pas de réussir dans tout ce qu'il espérait ; non, son corps mince ne lui vaudra pas forcément l'affection et la reconnaissance dont il rêvait. »

Afin de gérer cette phase particulièrement délicate, le patient doit impérativement bénéficier d'un suivi de la part d'une équipe pluridisciplinaire, particulièrement après la phase euphorique, au moment où il réalise le décalage entre le corps

---

11. Patrick Blitz, d'après un article du docteur Damien Louis, *Reprise de poids après la chirurgie de l'obésité : que faire ?*, *Diabète & Obésité*, vol. 11, hors-série n° 13, février 2016.

12. Brigitte Quintilla, *Le corps obèse/corps signifiant, au cours de l'amaigrissement*, *Diabète & Obésité*, vol. 10, numéro 89, mai-juin 2015.

fantasmé et le corps dans sa réalité actuelle, avec certes une perte de poids mais aussi des vergetures, une poitrine amaigrie, des rondeurs résiduelles, une « enveloppe de peau devenue trop grande »… « À ce stade, poursuit la psychologue Brigitte Quintilla, les risques de reprendre du poids sont importants : le patient peut se remettre à grignoter, avoir une alimentation totalement déstructurée ou encore développer un comportement de “fuite en avant” en cherchant à maigrir toujours plus, en adoptant un comportement alimentaire très restrictif pouvant aller jusqu'à l'anorexie. Il peut aussi entamer en parallèle une série de chirurgies à visée esthétique, avec pour objectif d'obtenir le corps parfait de ses fantasmes. »

La psychologue définit différents types de patients. Selon elle, avant même d'envisager une opération, la priorité est de « repérer l'origine de l'obésité ». Ce travail déterminera en grande partie le succès ou l'échec de l'opération. Elle liste « l'obésité de l'enfance » (quelqu'un qui n'a jamais été mince), « l'obésité réactionnelle » (déclenchée après un traumatisme), « l'obésité corps oublié » (pour des raisons professionnelles, familiales ou personnelles, on a cessé de se préoccuper de son corps) et enfin, « l'obésité corps injustice » (déclenchée à la suite d'une maladie organique ou d'un accident, il y a dans ce cas une attente de réparation de l'injustice ressentie).

Personnellement, je me placerais principalement dans cette dernière catégorie. En plus de mon syndrome des ovaires polykystiques (« SOPK » pour les intimes), facteur d'obésité reçu en cadeau à la naissance, le diagnostic erroné que des professionnels de la santé ont posé sur mon corps durant plusieurs années m'a définitivement rendue farouche et révoltée. Et probablement plus méfiante que la plupart de mes compagnes d'infortune.

Selon Brigitte Quintilla, les personnes obèses ayant entrepris de maigrir se divisent entre celles qui veulent maigrir « en s'interrogeant sur leurs parcours, les raisons de leur prise de poids, avec le désir de susciter les changements intérieurs et affectifs nécessaires à ce nouvel équilibre », et celles qui veulent maigrir « en faisant l'économie psychique de ces réaménagements psychoaffectifs ». Les premières réussissent mieux à maintenir leur perte de poids dans le temps que les secondes.

Ceux qui tentent de faire l'économie du travail psychologique seront souvent confrontés à l'effet yoyo de perte et de reprise de poids ; d'autres développeront des angoisses, des dépressions voire des

« comportements ouvertement psychotiques » ; d'autres resteront des « obèses maigres » : en dépit d'une perte de poids maîtrisée, ils conservent « leurs conflits et leurs attentes exagérées », résume Quintilla et restent malheureux ; enfin et heureusement, certains parviennent à rester malgré tout dans une dynamique positive plus de cinq ans après l'opération. La psychologue reconnaît que « la difficulté que l'on rencontre est que ce "groupe de patients" (en réussite) n'est pas toujours facile à identifier dans la phase préchirurgie ». Difficile, donc, de repérer en amont les personnes à qui la chirurgie peut être réellement bénéfique...

Sur un forum, je tombe sur Sophie[13]. La photo de son visage émacié à l'extrême m'impressionne. Elle raconte avoir eu beaucoup de complications après son opération. Dans un message privé, je lui propose une rencontre ; elle accepte sans hésiter. Cette fille habite dans un petit village de l'Hérault, mais elle me donne rendez-vous « en ville ».

À côté de la gare SNCF de Nîmes, dans la brasserie Les fleurs du malt, je me retrouve devant une femme très mince et très grande. Visage pâle, joues creusées, on lui donnerait la quarantaine ; Sophie a en fait 32 ans.

---

13. Le prénom a été modifié.

La jeune femme a toujours été ronde. À 11 ans, elle devient hyperphage : elle mange énormément sans se faire vomir. Après quelques cures d'amaigrissement à Palavas-les-Flots, elle finit par accepter son corps en surpoids. Sophie se met alors en couple avec un homme corpulent lui aussi.

Ensemble, ils ont un enfant né handicapé, le crâne sous-développé. Avant sa grossesse, Sophie pèse 88 kilos. L'annonce du handicap de son fils la heurte violemment. Elle se met à déprimer, compense son malheur en mangeant toujours plus, atteint 118 kilos. Son compagnon et elle décident de se faire opérer en même temps. Sophie interrompt son récit et détourne le regard.

— Tu étais complexée par ton poids avant ta sleeve ?

— Non, pas du tout. Je m'aimais, je me trouvais belle, je me sentais bien. C'est maintenant que je suis complexée : plus de fesses, plus de seins… Je ressemble à une vieille. Quand je me regarde, je me dis : « C'est qui celle-là ? »

À l'inverse, l'opération a donné des ailes au père de son enfant. Il disait : « Moi, je suis beau ! » ; « Je perds plus que toi ! » ; « Regarde, mes analyses sont parfaites ! ». En face, Sophie souffre. Les deux se séparent. Son « nouvel amoureux » la trouve belle. Cela la rassure.

Sophie n'a jamais cessé de maigrir, même s'il ne lui reste plus rien à perdre depuis longtemps. Elle est souvent malade et fait constamment des dumpings[14].

Quelques mois avant notre rencontre, Sophie a dû être hospitalisée. Elle pesait alors une cinquantaine de kilos pour 1,72 m. Son organisme n'absorbait rien, la jeune femme était dénutrie. Une revue spécialisée[15] prévient que du point de vue des déficits nutritionnels, la chirurgie bariatrique représente « une situation particulièrement à risque » pour les personnes obèses. La suppression d'une partie de l'estomac induirait « une maldigestion des aliments ainsi qu'une diminution des sécrétions d'acide gastriques nécessaire à l'absorption de certains nutriments ». À cela s'ajoutent les restrictions alimentaires induites par l'opération.

Pour compenser ses carences, Sophie a alors commencé à être nourrie par des sondes nasogastriques : des tubes insérés dans l'estomac via le nez. La jeune femme décrit « un procédé extrêmement douloureux ». Elle a repris du poids, les médecins lui ont retiré sa sonde, elle en a perdu de nouveau.

---

14. Voir note page 79.

15. Pauline Faucher, Blandine Gatta Cherifi et Christine Poitou, *Dénutrition chez le sujet obèse*, *Médecine clinique endocrinologie & diabète*, janvier 2017.

Sophie change alors de chirurgien. Le nouveau lui explique que son confrère « a foiré ». Lors de son opération, le « nerf de la vidange » a été sectionné par erreur. Le nerf de la vidange ou nerf vague est le dixième nerf crânien. Il parcourt plusieurs organes et muscles des systèmes respiratoire, cardiaque et digestif. Elle enchaîne les hospitalisations afin d'essayer de rattraper les dommages.

Sophie ne travaille plus depuis trois ans, elle élève son fils et survit grâce au RSA. Depuis son opération, elle n'arrive plus à manger d'œuf, de pommes de terre ou de produits laitiers. Même boire de l'eau s'avère compliqué : son corps n'accepte désormais que les boissons sirupeuses. Ses dents se déchaussent. Elle regrette l'opération.

Quand je lui demande si elle a été informée des risques qu'elle encourait, sa réponse me fait sursauter : « Non ! » Ses cycles hormonaux ont également été chamboulés : ses règles tombent tous les quinze jours, ce qui aggrave son anémie. Elle n'a jamais pu prendre ses médicaments pour les cheveux car elle ne parvient pas à les avaler. Qu'attend-elle désormais ? « Je crois que tant que le chirurgien n'aura pas admis son erreur et que je n'aurai pas eu d'excuses, je n'irai pas bien. J'ai besoin de cette étape pour faire le deuil. » Sophie compte engager des poursuites judiciaires contre ce spécialiste. De mon côté, je prévois de prendre rendez-vous chez lui pour voir à quoi ressemble une première consultation chez ce praticien apparemment douteux.

Entre-temps, je rencontre Mélanie[16], une amie de ma sœur ; elle aussi a eu recours à la chirurgie bariatrique. Elle a 42 ans. Dès le début de notre rendez-vous, je lui demande de me raconter son « parcours de grosse ». Petite, Mélanie mangeait peu, « à la limite de l'anorexie ». À partir de ses 6 ans, sa vie bascule : « Je commence à me faire violer. Ça va durer jusqu'à mes 12 ans. C'est durant cette période que je deviens grosse. » Je comprends entre les lignes que son agresseur est une personne de son entourage proche.

À 16 ans, elle part bosser en usine. Elle fait son premier régime à 18 ans, use alors des pilules amaigrissantes de la marque Herbalife. Son poids évolue en dents de scie. Par peur de la solitude, elle se met en couple avec « le premier blaireau venu ». À 30 ans, Mélanie pèse 150 kilos. Elle se fait poser un anneau.

Après l'opération, sa sexualité change. « Au fur et à mesure que je maigrissais – j'ai perdu 100 kilos en cinq ans – mon émancipation passait

---

16. Le prénom a été modifié.

par une hypersexualité en dehors du couple. Plus je perdais du poids, plus je baisais. Mon mec ne me désirait plus car il aimait mes rondeurs. Et moi, j'étais désirée par d'autres. J'ai attendu qu'il me trompe pour demander le divorce. Je n'en ai pas souffert, je ne l'avais jamais aimé. »

À 35 ans, enceinte de son deuxième enfant, Mélanie tombe malade, dénutrie. On lui ôte alors l'anneau. Elle qui n'avait plus faim depuis des années redécouvre cette sensation. La jeune femme perd pied. Elle se met à consommer des quantités de nourriture gargantuesques. Tout y passe : entrecôte, camembert, foie gras… Elle ne se maîtrise plus. Pendant sa seconde grossesse, Mélanie prend 50 kilos. Pour se peser, elle n'a d'autre choix que de monter sur deux balances et de cumuler les kilos indiqués : 180. Elle entre dans la catégorie « obésité morbide ».

Mélanie ne peut plus marcher, perd en autonomie. Elle doit demander à son nouveau compagnon de l'essuyer quand elle va aux toilettes. Humiliation totale. Elle se fait alors « sleever ». C'était il y a quatre ans. Elle pèse désormais autour de 90 kilos et attend l'accord de la Sécurité sociale pour se faire enlever ses impressionnants surplus de peau. Mélanie souffre de douleurs au ventre quand elle mange mais elle est heureuse.

« Rien ne peut être pire que de peser 180 kilos », tranche-t-elle.

Sans diplômes, elle peine à trouver un job. Il y a un an, elle postule dans un hypermarché. Elle passe tous les tests avec succès mais un responsable met fin à son rêve en une phrase : « Je veux des hôtesses de caisse qui ressemblent à des hôtesses de l'air ! »

CHAPITRE 7

JE ME SUIS MISE À VIDER LES PLACARDS LA NUIT

Je préférerais me promener nue sur les Champs-Élysées que d'être surprise en train d'engloutir des montagnes de nourriture.

Ma première tentation, en me lançant dans cette enquête, a été d'éviter la question de mes comportements alimentaires. J'ai cru – et espéré – que cette fuite passerait comme une lettre à la poste. J'ai rendu une première version de mon livre à mon éditeur. Et la question a surgi : « Tu n'abordes pas ton rapport à la nourriture ? »

J'ai eu la sensation d'être au pied d'une montagne infranchissable. Écrire sur mon rapport à la nourriture, cela suppose de cesser de me mentir à moi-même. Mais aussi de dévoiler une réalité honteuse à mes proches, au risque de passer pour un monstre ou une malade mentale incapable de contrôler ses pulsions. J'ai repensé à ce pote qui récemment, dans un bar, m'a demandé sans méchanceté aucune si je souffrais de troubles du comportement alimentaire. J'étais en confiance, j'aurais pu dire oui. J'ai répondu non. Comme tous les autres, il saura que j'ai menti.

Longtemps, j'ai refusé que l'on me voie manger. Je m'interdis de m'installer seule avec mon plateau au restaurant universitaire ou de m'acheter un cornet de marrons chauds l'hiver, essentiellement par crainte de remarques désobligeantes. Comme celle lâchée devant moi, bien fort, par une maman à son fils qui réclamait un dessert au restaurant : « Dis mon chéri, tu ne veux quand même pas ressembler à la dame ? »

J'éprouve du plaisir quand on me demande si j'ai mangé et que je réponds non. Comme si manger était un signe de faiblesse. À la fac, je prétendais ne jamais avoir le temps de déjeuner. Quand j'avais vraiment faim, je compensais mon manque énergétique en diluant discrètement un sucre ou deux dans un verre d'eau. Et dès que j'arrivais chez moi, je m'envoyais une baguette au Nutella avant d'enchaîner avec le repas du soir. Cette overdose de nourriture me torturait, je digérais mal, je dormais mal. Parfois, quand on m'invitait à dîner, j'avalais au préalable un premier repas pour éviter de me servir à nouveau devant les convives.

Quand on se rend compte qu'il est plus simple de parler de sexe ou de poils pubiens que de nourriture, on met le doigt sur un problème. Pourquoi avoir honte de signaler qu'on aime manger ? Pourquoi ne pas assumer d'être gourmande ? Pourquoi ne pas accepter de pouvoir avoir une fringale ? Je suis capable de boire des litres d'alcool aux soirées. Et j'ai honte quand je prends une poignée de cacahuètes.

En lisant *Beauté fatale*[1] de Mona Chollet, j'ai mieux compris pourquoi il était si dur pour une femme d'avoir un rapport serein à la nourriture. À l'ère victorienne déjà, toute représentation d'une femme en train de manger était bannie, explique-t-elle, citant Susan Bordo[2]. Celle-ci raconte d'ailleurs que si les hommes boulimiques mangent en public, ce n'est jamais le cas de leurs équivalents féminins. « L'appétit féminin suscite la peur et la répulsion (...). Une femme est censée picorer, remplir modérément son assiette, éviter de se resservir. Il est inconcevable qu'elle se laisse aller sans retenue aux plaisirs de la chère », écrit Mona Chollet. Et de citer de nouveau Susan Bordo qui prend l'exemple des publicités, dans

1. Mona Chollet, *Beauté fatale* (2012), La Découverte, p. 143.
2. Susan Bordo, *Unbearable Weight. Feminism, Western Culture, and the Body (2003)*, University of California Press.

lesquelles la femme prépare la nourriture pour les autres, mange des produits allégés (idéalement, des yaourts qui facilitent le transit). Si elle mange un aliment plus calorique, elle le fera de façon sexuelle, en croquant une glace par exemple. Allez vous construire un rapport normal à l'alimentation quand vous baignez dans ces images.

Chez moi, on peut parler sans hésiter de comportement alimentaire déviant. Dans les périodes de crise, j'alterne des phases de jeûne prolongé avec des phases d'hyperphagie, au cours desquelles j'absorbe une quantité abondante de nourriture sans jamais me faire vomir.

C'est en 1996, année de mes 17 ans et de mon premier rendez-vous chez un endocrinologue, que manger est devenu un problème. Le médecin me prescrit une diète hypocalorique, des boissons diurétiques et une combinaison d'hormones afin de soigner une maladie des glandes surrénales dont je ne souffre pas. Le premier effet secondaire de ce traitement de choc, c'est une poussée de furoncles si vive qu'elle me défigure. Le second, invisible pour moi à l'époque, c'est la transformation de mon rapport à la nourriture.

Comme je ne peux pas suivre à la lettre le régime du médecin, j'adapte la diète à nos moyens.

Je mange de la viande bouillie, parfois accompagnée de quelques légumes et d'une biscotte au son. Mes repas sont tellement fades que je rajoute de la moutarde partout alors que je n'aime pas ça. Je ne me sens pas rassasiée ; la faim commence à m'obséder.

Après quelques semaines, et alors que j'ai déjà commencé à grossir, je me mets à vider les placards la nuit. Le jour, je joue ma « régimeuse » devant mes proches. Passé minuit, j'aspire le contenu de la cuisine : restes des repas, croissants, pain, desserts… Évidemment, cela se voit assez vite. D'autant que je prive mes sœurs de leur goûter. Ma culpabilité grimpe, mes mensonges aussi.

Je me souviens d'un samedi où ma mère revient des courses avec des sacs de fougasses et de pains au chocolat. Elle me demande si j'en veux, sachant pourtant très bien que je n'ai pas le droit d'en manger. Je prends une fougasse. Elle part boire un café chez ma tante. Pendant son absence, j'engloutis le paquet de dix pains au chocolat. Je me souviens en avoir pris un, puis deux, puis le reste. Quand je me rends compte que j'ai tout mangé, je décide de travestir la réalité.

— Gaby, où sont les pains au chocolat que j'ai achetés ce matin ? me demande ma mère, de retour de chez ma tante.

— Quels pains au chocolat ?
— Tu te fous de ma gueule, j'ai ramené des fougasses et des pains au chocolat bordel ! Est-ce que tu as mangé le sac de pains au chocolat oui ou merde ?
— Putain mais t'es complètement barrée, y'a pas de pains au chocolat !
— Alors je suis folle, c'est ça ?
— Je sais pas, j'en sais rien, tu les as peut-être oubliés ? Pourquoi tu m'accuses ?
— Parce que tu grossis depuis que tu es au régime !

Elle a raison.

Parfois, ne pas trouver de quoi me sustenter me rend folle. Je fais des allers-retours dans les placards, je pète les plombs, je rumine. J'ai besoin de me remplir.

Un jour, Michel[3], mon oncle toxicomane, débarque à la maison pendant que mes parents sont partis faire des courses de Noël. Il se met à fouiller dans tous les placards, en quête de codéine je crois. La scène me panique, je le chasse avec une fourchette à la main.

Eh bien, quand je déjante pour obtenir mon shoot de sucre, j'ai l'impression d'être cet oncle en quête frénétique de drogues. Mes parents, gros

3. Le prénom a été modifié.

fumeurs, peuvent aussi se mettre dans des états seconds quand, en fin de mois, ils se mettent à chercher des mégots pour calmer leur manque de nicotine.

Chaque fois qu'on m'a demandé de maigrir, j'ai grossi. Je réagis violemment à ces injonctions, je me braque, transforme la souffrance en frénésie alimentaire. Je ne suis pas malheureuse parce que je suis grosse : je suis grosse parce que je suis malheureuse. Et il m'arrive d'en vouloir au monde entier de son incapacité à le comprendre.

Quand j'étais auxiliaire de vie scolaire à Neuilly, les remarques sur mon poids me plongeaient dans une crise. Une « crise », c'est une phase où je ressens le besoin de manger en grande quantité, jusqu'à ressentir cette douleur liée au trop-plein. Je ne me suis jamais faite vomir.

Une phase d'engloutissement peut durer une, deux, parfois trois heures. Je pousse même le vice jusqu'à consommer des antiémétiques – ces médicaments antivomitifs – et du citrate de bétaïne, pour faciliter la digestion. On peut les acheter librement, sans ordonnance. J'ai connu ces astuces grâce à ma pote Amandine, qui souffre d'émétophobie – la peur permanente de vomir – et qui en avait toujours sur elle. Lors de ces phases d'engloutissement, j'ai tellement mal au ventre que j'oublie la souffrance psychologique à l'origine de ces crises. Je me retrouve dans un état semi-comateux. Je pleure, je me méprise. Puis je m'endors. Je fais en sorte d'avoir la tête surélevée par des coussins pour éviter de m'étouffer, si je venais à vomir en plein sommeil. Me suicider serait plus efficace, j'ignore pour quelle obscure raison je ne l'ai jamais fait.

Le jour où je décide de ne plus retourner travailler à Neuilly, au printemps 2015, le médecin accepte de me mettre en arrêt. Je respire. Je sens que mes proches remettent en cause ma capacité à m'adapter au monde qui m'entoure. C'est vrai : je suis sensible et n'accepte pas les quolibets et l'humiliation. Pourquoi devrais-je m'adapter à l'intolérance et à la maltraitance ? Pourquoi devrais-je m'exécuter quand on me somme de maigrir ?

À la suite de cet arrêt, mon contrat n'est pas renouvelé. S'ensuit une longue période de chômage non indemnisée parce que je suis partie du collège sans mes dernières fiches de paye et me sens incapable de faire les démarches administratives. Je m'enlise tellement dans la paperasse que je ressens de l'empathie pour l'ancien secrétaire d'État Thomas Thévenoud, qui estime souffrir de « phobie administrative ». C'est dire.

Très rapidement, ma situation se précarise. Deux amies m'avancent l'argent pour deux mois de loyer. Une fois la trêve hivernale enclenchée, je cesse de payer ma propriétaire. Le peu d'argent que j'avais de côté, avec lequel je comptais payer mes factures, me sert exclusivement à acheter de la nourriture et des tickets de métro. Il est hors de question que je retourne aux Restos du cœur. Je subsiste grâce à l'argent de mes amis : 2 000 euros d'un côté, 1 000 de l'autre, 150 par ici, un panier de courses par là. Je tiens dix mois avec environ 4 500 euros.

Je mène alors deux vies parallèles. D'un côté, je continue de rencontrer des artistes que j'interviewe pour mon webzine culturel Ginette le mag que j'ai lancé à l'automne 2014 pour mener un projet plus épanouissant que mes jobs alimentaires. De l'autre, je m'enfonce dans la déchéance.

À ce moment-là, je ne consulte aucun spécialiste. Mon endocrinologue est dans le Sud, où je n'ai pas remis les pieds depuis plus d'un an. Je me force à aller voir le généraliste, c'est douloureux car il me harcèle avec la chirurgie bariatrique. Il me prescrit des benzodiazépines – un traitement contre l'anxiété – que je ne prends pas.

Pour me nourrir, j'ai instauré un rituel : dans le quartier où je vis, près du métro Passy dans le XVIe arrondissement parisien, se trouve un Monoprix ouvert jusqu'à minuit. Vers 23 heures, je pars faire les courses. J'achète des produits bon marché, peu équilibrés, je consomme à moindres frais. Tous les soirs, l'histoire se répète : j'achète un paquet de six saucisses de Strasbourg, deux baguettes de pain et de quoi faire des pâtes à la carbonara. J'achète aussi des chips, des bonbons acides et des Dragibus.

De retour chez moi, vers 23 h 30, un second rituel s'enclenche : je commence par faire chauffer les saucisses et mange autant de hot dogs que possible. J'attends de digérer cette première fournée, puis je me prépare des pâtes à la carbonara. Je garde les chips pour le réveil. Quant aux bonbons, j'ai seulement besoin d'en prendre 5 ou 6 d'un coup, le temps que le sucre et l'acidité malmènent mon estomac.

Dans ces moments, je n'ai pas faim ; manger ne me procure aucun plaisir. Je n'éprouve aucune satisfaction, si ce n'est celle qui consiste à avoir l'impression de saigner de l'intérieur. Dans les faits, j'imagine que c'est réellement le cas. Parfois, je m'étouffe, prends peur et tente de me calmer en respirant lentement. Puis je me traite de sale grosse, de déchet, de crevure. Je pleure et m'endors.

Quand cet état survient, le laisser-aller est total. Je ne sors plus. Je laisse les détritus s'accumuler chez moi. Je n'écoute plus mon corps, mange pour avoir mal, pour souffrir le plus possible. Je ne me lave plus. Je ne me change plus. Je dors habillée. Je ne nettoie plus rien dans l'appartement non plus. Mes draps sont sales. Je suis sale.

À la fin du mois de février 2015, ma propriétaire ne me propose pas de renouveler le bail du studio. Je n'ai nulle part où aller. Un ami m'explique que je peux squatter mon appartement, les procédures d'expulsion sont tellement longues que je pourrai peut-être même prolonger la situation jusqu'à la prochaine trêve hivernale. Peu emballée par cette option, je me rends néanmoins à l'évidence : rien d'autre ne s'offre à moi.

Pendant ma période de squat, je décide de ne plus sortir de chez moi. Je remercie le dieu Internet et me fais livrer mes courses. Je vis confinée dans 13 mètres carrés au Trocadéro, encerclée par les ordures, la poussière, la vaisselle sale. J'attends de ne plus supporter ma propre odeur pour me laver. Par moments, je pense au film de David Cronenberg, *La Mouche*. La métamorphose de Seth Brundle en insecte passe par une phase de dégradation physique et mentale totale. Certaines scènes m'apparaissent comme des flashs. La seule différence, c'est que je ne mute pas pour devenir un monstre : j'en suis déjà un.

Pendant cette fameuse trêve hivernale, je prends 25 kilos, comme me l'indique le médecin du XIXe arrondissement que je consulte et qui tient à m'annoncer mon poids pour me réveiller et m'inciter à me tourner vers la chirurgie bariatrique.

Usée par cet état de stress permanent, je décide de ne pas rester plus d'un mois dans l'appartement squatté. Des amies m'hébergent ensuite à tour de rôle, puis je trouve une sous-location à prix réduit, du côté de Montmartre, durant quelques semaines. Quand je me résous à retourner chez mes parents, l'aiguille de la balance indique 155 kilos.

CHAPITRE 8

« FA » CHERCHE « BBG »

Un soir, l'administratrice de la page Facebook « By-pass sleeve… Et si on en parlait ? » poste un message d'avertissement à destination de tous les membres qui se sont baptisés les « groupys » :

« Les filles, j'ai reçu des demandes particulières en message privé. Suite à mes photos publiées avant/après l'opération, des hommes m'ont demandé d'envoyer les photos de mes seins nus avant opération. Je les ai bloqués mais faites attention ! »

« Oh non, même ici on a des fétichistes ? », répond une groupy.

Ces fétichistes portent un nom : « FA », pour *« Fat Admirer »*. L'expression désigne un homme ou une femme attirés sexuellement par les personnes obèses. Depuis cet épisode, la page Facebook est réservée à ses seuls membres. Pour y entrer, il faut désormais être parrainé.

Même si le phénomène existe dans les deux sens et aussi chez les homosexuels[1], la situation la plus courante est qu'un FA homme recherche une « BBG » (*Big Beautiful Girl*) ou une « BBW » (*Big Beautiful Woman*)[2]. Sur les sites pornographiques, BBG et BBW sont répertoriés comme des catégories à part entière, au même titre que « cougars », « beurettes » ou « naines ».

Chose assez rare pour être notée, l'an passé, un FA a décidé de revendiquer publiquement son amour « pour les très grosses personnes ». Il s'appelle Ricardo. On a pu l'apercevoir dans l'émission *C'est mon choix* intitulée « Plus t'es ronde, plus je t'aime[3] », diffusée le 10 octobre 2016, sur la chaîne de la TNT Chérie 25.

Calme et séduisant, Ricardo confie que son attirance pour les grosses s'est manifestée dès ses 11 ans mais a commencé à lui poser de réels problèmes à l'adolescence. « Ça se gâte vers 17-18 ans… On commence à en prendre plein la gueule. »

— Qu'est-ce qu'on vous disait ? l'interroge la présentatrice Evelyne Thomas.

---

1. Leon Acord, *'Fat Sex': The Last Gay Taboo?* [en ligne], huffingtonpost.com, le 30 décembre 2014.
2. Belle et grosse fille, belle et grosse femme.
3. *Plus t'es ronde, plus je t'aime* [en ligne], Youtube.com, vidéo mise en ligne par la chaîne C'est mon choix - la chaîne officielle, le 17 octobre 2016.

— Tu promènes ton éléphant…
— Carrément !… La femme la plus grosse que vous ayez connue, elle pesait combien ?
— Si je vous le dis, vous n'allez pas me croire (rire un peu gêné)… 180 kilos.
— Uhhh !

Oui, Evelyne Thomas a bien lâché un « uhhh » très aigu. S'ensuivent une salve d'applaudissements et quelques « bravo » émanant du public. La présentatrice enchaîne avec une question dont elle seule maîtrise la pertinence :
— Elle, c'était votre best, votre top ?
— Mais il n'y a pas qu'une question de poids, il y a un physique, il y a aussi le relationnel, faut que ça accroche, il faut qu'il y ait de la complicité.
— Ouais enfin, on a bien vu que les minces ça vous intéressait pas. 180 kilos ça le fait quand même…
— Non mais j'ai rien contre les minces par contre. Il y a des minces que je trouve très belles, mais l'attirance n'opère pas.

Dans une autre interview[4], Ricardo précise sa pensée. « On ne choisit pas cette attirance, elle est inscrite dans notre ADN. C'est quelque chose

4. *J'aime les grosses : Fat Admirer, pas pervers* [en ligne], Ma-grande-taille.com, 20 février 2016.

de viscéral. On doit essayer de la comprendre, de l'assumer et de vivre avec. »

Et si certains le traitent de fétichiste, Ricardo assume : « J'ai une sorte de fascination pour les gros mollets et les grosses cuisses. Si c'est une sorte de fétichisme, alors oui, je le suis (...). Le corps d'une grosse est un temple dédié à la douceur, à la volupté, au confort, à l'abondance. C'est la féminité poussée à son extrême, c'est presque une drogue. »

Ricardo a vécu dix ans avec une première femme et deux ans avec la dernière. Une relation qui s'est terminée après que sa compagne a... maigri à la suite d'une opération. « Je tiens à préciser que notre couple battait de l'aile depuis de nombreux mois déjà, le by-pass nous a mis le coup de grâce. » Ricardo confirme qu'être FA, c'est aussi partager la discrimination dont les grosses sont victimes. « Les gens sont plein de préjugés. Qu'un FA se balade avec sa grosse, qu'un couple gay se tienne par la main, qu'un homme et une femme aient une différence d'âge prononcée, il y aura toujours quelque chose à dire. Au final, je crois que c'est pour eux une façon de se rassurer, de rester dans la norme. »

La « norme » en matière de poids ou d'apparence tend vers la maigreur, tandis que la société voit l'obésité augmenter. Elle a doublé en France ces quinze dernières années pour atteindre 15 % de la population, soit plus de dix millions de personnes. Dix millions ! Imaginez la quantité de gens victimes de grossophobie.

L'individu obèse est considéré soit comme malade, soit comme déviant. L'amateur de « bonne chair », FA ou simple personne en couple avec une personne grosse est donc perçu comme un amateur de personnes malades. Par effet de ricochet, le voilà lui aussi tordu.

Ricardo appelle les FA à sortir de leur cachette, de leur honte, même si cela implique d'avoir « un moral solide et de la repartie ». « Osez dire : j'aime les grosses ! », lance-t-il. Bon, avec Ricardo, un doute plane tout de même. Je me demande s'il ne sort pas du bois pour pouvoir agrandir son harem.

Notre FA assumé tient à se distinguer de ceux qu'il appelle les « FA chroniques » qui recherchent des femmes toujours plus grosses ou encore des « *feeders* », qui vont jusqu'à gaver leur partenaire pour la faire grossir. C'est une forme extrême et déviante de la sitophilie – jeu sexuel avec de la nourriture.

Dans le *feederism*, la relation se construit entre une *feedee* – la personne gavée – et un *feeder* – le gaveur. Le *feeder* joue soit gratuitement – quand il est le partenaire de la *feedee* – soit en payant pour avoir accès à des vidéos ou des sessions live s'il vit son fétichisme à travers un écran d'ordinateur.

Le cas le plus extrême que j'ai repéré est celui de Monica Riley qui pèse déjà un peu plus de 300 kilos et souhaite devenir la femme la plus grosse du monde en atteignant 450 kilos. Elle s'est pour cela fixé un « régime » où elle doit avaler entre 6 000 et 8 000 calories par jour, au lieu des 2 000 à 2 500 conseillées dans le cadre d'une alimentation saine. Dans un reportage[5] de la chaîne de télévision américaine Barcroft, on voit Sid, le compagnon de Monica, la nourrir à l'aide d'un entonnoir. Ce fantasme crée un déséquilibre inévitable : une seule personne du couple risque sa vie.

La femme obèse a souvent la réputation d'être « chaude », en quête perpétuelle de plaisir, et plus ouverte que la moyenne sur les pratiques sexuelles. Une croyance populaire veut que les grosses compensent au lit ce qui leur manquerait physiquement. J'ai moi-même été confrontée à des remarques désobligeantes de la part de copines qui, surprises de voir que j'avais des amants, me

---

5. *700lb BBW Model Wants To Be Too Fat To Move: hooked on the look*, [en ligne], Youtube.com, vidéo mise en ligne par la chaîne Barcroft TV, le 5 septembre 2016.

demandaient quelles « saletés » je pouvais bien accepter sous la couette. Selon elles, si un mec couchait avec moi, c'était soit par perversion, soit parce que j'étais une « sacrée cochonne ».

Le pire, c'est que je partageais aussi leurs doutes. Quand on se dégoûte soi-même, il paraît impensable que quiconque de sain puisse avoir envie de vous fréquenter. En plus d'accepter ma féminité, je devais intégrer que je pouvais être un objet de désir « hors normes ».

Très jeune, j'ai vu des hommes venir vers moi. Des hommes souvent plus vieux – ils avaient parfois l'âge d'être mon père, ça me dégoûtait. Ils me disaient à quel point ils me trouvaient belle, attirante, et aimeraient passer un bon moment avec moi, ce qui m'effrayait au plus haut point. Ensuite, j'ai découvert que je plaisais beaucoup à certains hommes noirs. « Chez nous tu serais une princesse ! » m'a un jour lancé un homme d'origine africaine ; « Ma mère rêverait que je ramène une fille comme toi ! » ; « Une vraie femme, ça doit déborder de partout ». Là aussi, je me retrouvais décontenancée. Je me sentais à la fois ravie de savoir que des mecs me voulaient dans leur lit, et agacée d'être considérée comme un objet.

J'ai toujours aimé plaire mais j'ai obstinément écarté ceux qui venaient à moi en m'expliquant aimer les « femmes comme [moi] ». Je suis aussi abordée par ceux qui voudraient essayer une grosse au moins une fois, juste « pour voir », au même titre qu'ils voudraient essayer une partie à trois ou faire une fellation à leur meilleur ami. En somme, un fantasme.

Ma vie sexuelle a commencé tardivement : j'ai fait l'amour pour la première fois à 21 ans. Je n'ai pas eu de petit copain à l'adolescence. À l'époque, j'étais la fille un peu virile, entourée de beaucoup de garçons. Je parlais de sexe sans complexe, je pensais m'y connaître parce que j'écoutais *Love In Fun*, l'émission de Doc et DiFool sur Fun Radio. J'entendais des gens de mon âge appeler pour parler de fellation, de sodomie, de maladies sexuellement transmissibles, je me souviens aussi d'un garçon qui disait rêver de voir sa copine se faire monter par son chien. Et moi, sous mes airs assurés, je tremblais à l'idée qu'un mec mette sa langue dans ma bouche.

Quand un garçon s'intéressait à moi, je supposais qu'il s'agissait d'une blague, d'un pari, ou que j'avais affaire à un déficient mental.

Je venais d'arriver à la fac quand j'ai rencontré mon premier copain, à 21 ans. Il m'a fallu plusieurs mois avant de coucher avec lui. Tout m'effrayait : est-ce que j'allais savoir comment bouger, est-ce qu'il allait débander en me voyant nue, est-ce que j'allais l'écraser sous mon poids... Les premières tentatives de pénétration n'ont pas fonctionné. Mon corps se contractait et déclenchait en moi un nouvel élan d'angoisses : avais-je bien une ouverture au niveau du vagin ? Étais-je frigide ? Lesbienne ? Asexuelle ?

En réalité, j'ai découvert plus tard, grâce à Internet, que je souffrais de vaginisme, une peur panique de la pénétration qui induit une contraction des muscles du périnée.

Le temps et la patience m'ont permis de réussir à avoir des relations sexuelles. Une fois la case « sexe » cochée, je n'ai plus eu de problème pour me montrer nue devant un homme. Paradoxalement, je me sens même moins complexée à poil. Ma théorie est la suivante : un mec qui approche une nana de 80, 100 ou 130 kilos sait à quoi s'attendre une fois qu'elle sera dévêtue. Il peut être attiré par ce corps qui déborde. Quand j'enlève mon tee-shirt, personne ne s'attend à me voir perdre 50 kilos et mes bourrelets. Je suis obèse habillée, je le suis aussi nue.

CHAPITRE 9

QUI VEUT GAGNER DES MILLIONS ?

M'imaginer prendre le risque de subir une opération de chirurgie bariatrique me donne l'impression de participer au jeu *Qui veut gagner des millions?*

Le principe de l'émission télévisée était le suivant : les participants qui parvenaient à répondre à une suite de douze questions de culture générale posées par Jean-Pierre Foucault gagnaient un million d'euros. Sur six années de jeux, entre 2000 et 2006, seuls trois candidats ont empoché le million d'euros. Trois chanceux pour combien d'espoirs douchés ? La chirurgie bariatrique joue sur un espoir similaire, et fou quand on y pense. Il suffit de tenter le coup en répondant « moi » à une question bête : « Qui veut perdre des kilos ? »

Dans mon cas de patiente obèse, les choses sont présentées de la sorte : « Avez-vous envie de perdre les cent kilos que vous avez en trop ? » — Euh, oui, du moins une partie. — Voulez-vous éviter d'avoir une crise cardiaque ou un AVC ? — Oui ! — Voulez-vous vivre le plus longtemps possible ? Si la réponse est encore oui, ayez confiance en la chirurgie. »

Ici, les paliers ne se mesurent pas en euros mais en kilos. Dans le pire des cas, c'est-à-dire si tout ne fonctionne pas au mieux, vous aurez au moins perdu de la masse. Ça, c'est pour la théorie.

Au hasard, je décide de prendre rendez-vous au pôle obésité de la clinique d'Alès, dans le Gard. Au bout du fil, une secrétaire m'explique qu'avant d'envisager une éventuelle opération, il est obligatoire de se rendre à une réunion d'information sur la chirurgie bariatrique organisée par l'association Halt'O (pour « halte obésité »).

Lundi 6 février 2017, Alès, je me rends à la clinique. Une dame en blanc me salue puis me demande si je vais à « la réunion pour les gros ». Je réponds par l'affirmative. D'autres prétendants au million arrivent. Une chose me saute aux yeux : la diversité des profils parmi les personnes obèses.

L'âge des participants s'étale de 18 à 65 ans. Une grande majorité de femmes – quarante environ – pour seulement deux hommes. Dans cette foule, des obèses gynoïdes – leur graisse est concentrée sur le bas du corps – et des obèses androïdes, dont la graisse se répartit sur le haut du corps. La première forme est considérée chez les femmes comme relativement harmonieuse : des hanches, des fesses, des cuisses mais peu de ventre. La seconde est une obésité typiquement masculine que l'on retrouve chez les femmes ayant des problèmes hormonaux, comme moi.

Je constate que les obèses présents à la réunion se rapprochent de ceux qui leur ressemblent. Moi, je reste seule.

Après quelques minutes d'attente, quelqu'un vient nous chercher et nous conduit à la salle de conférences. Je suis la première à entrer dans la pièce. En attendant que la réunion commence, les gens discutent entre eux. Une femme évoque une amie déjà opérée qui l'a convaincue de venir ici. À ma gauche, certains sont venus réfléchir à une intervention en famille : mère, fille, belle-fille. Le chirurgien qui anime la conférence arrive.

Il semble avoir la trentaine, porte un jean délavé, des Stan Smith et une chemise ouverte. Il a l'air cool. Après s'être présenté, il demande si certaines personnes ont déjà été opérées. Un homme et une femme précisent que leur sleeve a échoué ; ils se dirigent donc vers le by-pass, ablation de 80 % de leur estomac.

Beaucoup de patients, comme Anita, l'esthéticienne que j'avais rencontrée, passent successivement par toutes les opérations. « Environ 20 % des patients reprennent du poids après un gastric by-pass. Ce pourcentage est de 30 % pour la sleeve et de 40 % pour l'anneau gastrique[1], rapporte le professeur Jean Gugenheim. Cela conduit de nombreux patients à réclamer une deuxième ou une troisième intervention. Au-delà des complications techniques, il est important de ne réaliser ces interventions qu'après un nouveau bilan complet, notamment nutritionnel et psychiatrique. »

Durant la réunion, le chirurgien insiste sur un point : l'opération aide à maigrir mais ne suffit pas. Il évoque le taux de suicide chez les opérés. J'interviens en lui demandant pourquoi le nombre de suicidés chez les opérés est si élevé. Il expose ses doutes quant aux résultats de l'étude[2] que je cite. « On ne pourra jamais connaître les raisons réelles d'un suicide », conclut-il.

Le docteur Patrick Ritz a étudié le phénomène. Chez les personnes opérées, le risque de suicide

1. Jean Gugenheim , *Le développement de la chirurgie bariatrique en France, enjeux et défis*, *Diabète & Obésité*, vol. 12, numéro 105, février 2017.

2. Patrick Ritz, *Chirurgie de l'obésité et suicide, importance du risque et stratégies de protection*, d'après un article d'Anne Dumon, *Diabète & Obésité*, vol. 11, numéro 90, octobre 2015.

est quatre fois plus élevé que dans la population en général. « Il est difficile de distinguer les causes directement imputables à la chirurgie et les causes résultant d'un état pathologique antérieur à la chirurgie », contraste le professeur. Il s'interroge tout de même sur les « paramètres psychologiques qui aggravent le risque » chez les opérés : « existence de douleurs post-chirurgicales » ; « perte de poids insatisfaisante et/ou reprise pondérale » ; « excès de peau qui trouble l'image du corps » ; « dégradation perçue de la qualité de vie après une phase initiale très favorable » ; « difficultés alimentaires et persistances de troubles du comportement alimentaire avec épisodes de perte de contrôle et vomissements provoqués ».

En octobre 2015, une seconde étude américaine[3] a comparé le taux de suicide entre personnes obèses opérées et non opérées. Publiée dans la *JAMA Surgery*, revue médicale spécialisée, elle a été réalisée par des médecins de l'Institut de recherche Sunnybrook à Toronto.

Sur 8 815 patients ayant subi un by-pass dans la province canadienne de l'Ontario – dont 81,4 % s'avéraient être des femmes – le résultat est sans

---

3. Junaid A. Bhatti, Avery B. Nathens, Deva Thiruchelvam, *Self-harm Emergencies After Bariatric Surgery*, octobre 2015.

appel : les personnes obèses ayant subi une intervention chirurgicale ont un taux de suicide de 50 % plus élevé. Cette étude fait dire à Lucie Favre, médecin-cheffe de la consultation obésité du Centre hospitalier universitaire vaudois (CHUV) à Lausanne : « La chirurgie par by-pass engendre une situation paradoxale. D'un côté, elle diminue considérablement les risques cardiovasculaires ou de cancer, mais de l'autre, elle augmente la morbidité par suicide des patients[4]. »

Plusieurs hypothèses sont mises en avant. Pour un opéré par by-pass, le moindre verre d'alcool voit son effet doublé et pourrait désinhiber le passage à l'acte chez quelqu'un de fragile. Lucie Favre estime que « de nombreux patients obèses suivent des traitements pour soigner leurs troubles psychiques. Le by-pass gastrique peut, dans certains cas, empêcher une bonne absorption des médicaments par l'organisme et les mettre dans une situation dangereuse. » À cela s'ajoute la déception d'une opération pressentie comme « un coup de baguette magique qui va balayer leurs problèmes », ce qui est, comme le souligne[5] la psychologue Brigitte Quintilla, rarement le cas.

---

4. *Davantage de suicides après une chirurgie bariatrique* [en ligne], LeTemps.ch, 8 octobre 2015.

5. Lire chapitre 4 : *L'opération de la dernière chance*.

L'une des solutions pour éviter cette issue tragique est le suivi des patients à vie par une équipe multidisciplinaire. Or en février 2017, le professeur Gugenheim, peu soupçonnable d'être un farouche opposant à la chirurgie bariatrique puisqu'il est par ailleurs président de la société française et francophone de chirurgie de l'obésité, reconnaît dans un autre article[6] une grosse défaillance. « [Le suivi] est mal codifié, tant dans ses modalités que dans sa périodicité. Une enquête récente de la Caisse nationale d'assurance maladie a révélé qu'après les deux premières années postopératoires, les deux tiers des patients opérés étaient suivis uniquement par leur médecin généraliste. »

En France, la majorité des opérés ne bénéficient pas d'un suivi adapté. « 80 % des patients opérés deviennent par la suite des "perdus de vue", m'a assuré un endocrinologue. Ils disparaissent dans la nature, les études dont on dispose se réalisent donc sur les 20 % restants, et ce n'est déjà pas brillant… »

Ce médecin, qui a souhaité rester anonyme « pour éviter de se faire embêter par des

---

6. Jean Gugenheim, *Le développement de la chirurgie bariatrique en France, enjeux et défis*, *Diabète & Obésité*, vol. 12, numéro 105, février 2017.

confrères », a quelques raisons d'être en colère contre l'expansion de la chirurgie de l'obésité. « Je travaille en psychiatrie, dans une clinique. Un jour, on m'appelle car quelqu'un a tenté de se pendre. Il s'agit d'une fille que je connais très bien, elle s'appelle Marina[7]. Le matin même, elle était allée à l'enterrement d'une copine qui s'était suicidée. Les deux ont eu un by-pass. Isabelle a fini par "réussir" son suicide, à l'extérieur de la clinique. C'étaient deux femmes jeunes, elles ne rentreront jamais dans aucune statistique sur le suicide des personnes obèses opérées. »

Sur ce tableau noir, il faut aussi inscrire les risques de mort sur la table d'opération. D'après le chirurgien Guillaume Becouarn qui cite[8] des études étrangères, c'est pour la « dérivation biliopancréatique » – ablation partielle de l'estomac assortie de la création d'un circuit secondaire pour la nourriture – que la mortalité opératoire est la plus élevée : un patient sur 100. Vient ensuite un patient sur 200 pour le by-pass, un sur 500 pour la sleeve et un sur 1 000 avec l'anneau gastrique. Bref, faire l'apologie de cette chirurgie en évacuant la mortalité directe et indirecte de ces opérations,

---

7. Le prénom a été modifié.
8. Guillaume Becouarn, *Chirurgie de l'obésité, comment et pour qui ?, Diabète & Obésité*, vol. 9, numéro 84, décembre 2014.

comme le fait le chirurgien qui anime cette réunion, me semble – au mieux – irresponsable.

Je lève une nouvelle fois la main. Le médecin me donne la parole, l'air agacé.

— N'est-ce pas dangereux de maigrir aussi vite après une opération ?

— Qui donc vous a dit ça ?

— Un médecin endocrinologue.

— Si vous êtes là, c'est que visiblement, vous n'avez pas trouvé d'autre solution.

Il m'a mouchée. Je me tais.

Jamais il n'a évoqué les potentiels effets secondaires physiques et mentaux générés par ces opérations. Par ailleurs, très peu de personnes ont posé des questions. Une femme a bien exposé son problème : elle n'est pas assez grosse pour être opérée mais veut l'être malgré tout. Elle demande si elle doit prendre du poids. Le chirurgien lui répond : « On prendra votre IMC maximum. » Elle s'étonne : « Mais vous ne le connaissez pas ! » Il lui fera confiance, la rassure-t-il. Le docteur sous-entend être disposé à outrepasser les codes des bonnes pratiques.

Je n'ai pas l'impression de me trouver face à un médecin, dans une clinique, mais plutôt dans une réunion Tupperware où tout le monde voudrait acheter le nouveau produit miracle.

L'un des gros problèmes de la chirurgie de l'obésité est justement son succès. Le nombre d'opérations a été multiplié par 4 en 15 ans[9] ; sur la même période, la proportion d'obèses dans le pays a doublé.

Le développement de la discipline a entraîné l'émergence de quantité de centres et services spécialisés dans les hôpitaux et cliniques privées.

Selon le professeur Jean Gugenheim, « ce développement exponentiel de la chirurgie de l'obésité pose des problèmes d'organisation et d'évaluation (...). Un tiers des 486 centres recensés en France en 2014 réalisent moins de 30 interventions par an. Il a été démontré que la mortalité postopératoire était diminuée par 3 dans les centres pratiquant plus de 100 interventions par an par rapport à ceux en pratiquant moins de 30. De plus, le succès de ces interventions nécessite la création d'une équipe pluridisciplinaire spécialisée dans l'obésité, comprenant non seulement des chirurgiens, mais également des anesthésistes, des médecins nutritionnistes, des psychiatres, de psychologues et des diététiciens. On peut penser que les centres ayant un petit volume d'activité ne peuvent pas constituer

---

9. Jean Gugenheim, *Le développement de la chirurgie bariatrique en France, enjeux et défis*, *Diabète & Obésité*, vol. 12, numéro 105, février 2017.

une telle équipe avec des médecins spécialisés. » Peu rassurant quand on sait qu'un tiers des interventions sont réalisées dans des centres à faible activité.

L'endocrinologue anonyme et spécialiste de l'obésité résume ainsi la situation : « En réalité, nous sommes encore à un stade expérimental puisqu'on ignore les effets de la chirurgie de l'obésité sur le long terme. Cette pratique devrait être une exception, elle est devenue la solution. En même temps, c'est un peu comme avec le Mediator, on a beaucoup cassé de sucre sur les médecins prescripteurs de cet antidiabétique détourné en coupe-faim (et qui aurait causé la mort d'au moins 500 personnes), mais on a oublié que les gens se roulaient par terre pour en avoir. Aujourd'hui, si vous refusez à une personne obèse la possibilité de se faire opérer, elle va aller voir ailleurs. Les gens sont prêts à tout, les femmes notamment. Car la pression est plus importante sur le corps des femmes. »

Dans un monde où les femmes ne seraient pas aussi complexées, elles se méfieraient de la chirurgie bariatrique. Être ronde ou grosse ne devrait pas être un problème.

« L'absence de tout bourrelet ne signifie pas, loin de là, l'absence de tout problème », écrit

Mona Chollet. Elle évoque[10] le cas de l'actrice australienne Portia de Rossi, anorexique et boulimique depuis l'adolescence. À partir du moment où elle intègre le casting de la série américaine à succès *Ally McBeal*, son désordre alimentaire prend un tour dramatique ; elle finit par ne plus peser que 37 kilos. Mona Chollet raconte aussi cette scène du documentaire *Picture Me*[11], sur les rouages sordides de l'industrie de la mode, dans laquelle la mannequin Sara Ziff feuillette « d'une main vengeresse les magazines où elle apparaît : "Là je suis affreuse, là j'ai l'air conne…". » Et sa colocataire de répondre « Je ne connais pas un seul mannequin qui dise : "J'ai un corps formidable, je l'adore." »

« Nous vivons dans un monde où manger trop et ne pas manger assez sont deux moyens opposés, mais inséparables, de faire face à l'impératif de minceur qui domine l'imaginaire collectif », écrit le philosophe René Girard[12]. Mais l'anorexie trouve un peu plus facilement sa place dans les journaux, sans doute parce qu'elle reste associée à l'idée de maîtrise de soi, plus valorisée que le laisser-aller auquel renvoie l'obésité.

---

10. Mona Chollet, *Beauté fatale* (2012), La Découverte.
11. *Picture Me*, documentaire de Ole Schell et Sara Ziff (2009).
12. René Girard, *Anorexie et désir mimétique* (2008), Herne.

L'heure est venue, pour moi, de rencontrer le chirurgien qui a sectionné le nerf de Sophie. Pourquoi ? Peut-être que j'espère secrètement constater que c'est un bonimenteur. Mon rendez-vous est fixé au 8 février 2017.

Salle d'attente du cabinet du médecin en question, dans une clinique de Montpellier. Il a déjà près d'une heure de retard. Je patiente avec des personnes opérées et des candidats à l'intervention : une femme et un homme à qui je donnerais un peu moins de 30 ans. J'engage la conversation. La femme a été opérée un an plus tôt par ce chirurgien. Elle a perdu 71 kilos. Elle vient pour son rendez-vous annuel. Est-elle suivie par d'autres médecins depuis son opération ? Non, mais elle s'en fiche : « Je suis mince ! » L'homme, quant à lui, vient pour sa troisième opération. Il a commencé par l'anneau qui a été un échec puis a poursuivi avec une sleeve. Au final, il a récupéré la totalité de ses kilos perdus. Il vient donc pour un by-pass.

— Tes deux premières opérations ont foiré, pourquoi tu en fais une troisième ?

— C'est un engrenage, je serai toujours gros de toute façon. Au moins, les opérations me limitent. Je ferais 200 kilos sinon…

— Tu es suivi par une équipe de spécialistes ?

L'homme éclate de rire. La secrétaire m'appelle.

Le chirurgien me prévient d'emblée : il a peu de temps devant lui car il a pris du retard dans son planning de la journée. Bilan du rendez-vous : 80 euros – non remboursés – pour quinze minutes d'entrevue. Je suis venue avec la lettre d'un médecin que j'ai vu trois fois dans ma vie. Cette lettre contient mon IMC et mon souhait de me faire opérer.

Le médecin me demande si je souffre de diabète, de cholestérol, de troubles articulaires. Non, rien de tout ça. Plus j'accumule de comorbidités (maladies ou complications liées à l'obésité), plus il est facile d'obtenir un remboursement par la Sécurité sociale, m'explique-t-il. Heureusement, je souffre d'apnées du sommeil.

Il m'informe qu'il compte préciser dans la lettre destinée à la Sécurité sociale que je souffre de troubles liés à mon image et que cela impacte ma vie sexuelle. À aucun moment nous n'avons évoqué cette question… Il ne m'interroge pas davantage sur mes antécédents médicaux, il ignore donc que j'ai déjà subi une petite opération et que je suis atteinte du syndrome des ovaires micropolykystiques.

Le chirurgien me fait passer sous la toise et sur la balance. Je pèse 151 kilos pour 1,53 m. Il calcule alors mon IMC : 64,51. Je suis largement dans l'obésité morbide. Lui parle d'« obésité extrême », sans doute l'influence de l'expression anglaise *« extreme obesity »*. Cette donnée ne m'inquiète pas spécialement. Je connais mon état ; lors de ma dernière visite chez mon endocrinologue, elle m'avait prévenue : « Vous avez atteint l'alerte rouge, l'aiguille de la balance est largement du mauvais côté. »

Le coup de massue survient quand le chirurgien m'annonce que je suis trop grosse pour être opérée sans crainte. Il veut que je passe à 116 kilos. Je demande comment faire pour perdre tous ces kilos. Il me recommande de me nourrir exclusivement de légumes pendant deux mois, avant la pose d'un ballon gastrique[13] dans l'estomac. Il sera ensuite possible de me faire une sleeve.

Je tire une fausse mine déçue, explique que j'espérais pouvoir être opérée dans six mois. « C'est possible malgré tout », m'encourage-t-il. Il me demande de revenir dans deux ou trois mois quand j'aurai perdu 20 ou 30 kilos. Si je ne les ai pas perdus, on s'arrangera. « Après tout, j'ai opéré plus grosse que vous. »

---

13. Méthode non chirurgicale consistant à insérer, par la bouche, un ballon qui est ensuite gonflé dans l'estomac afin d'entraîner une sensation de satiété plus rapidement.

CHAPITRE 10

OÙ SONT LES GROS ?

Un obèse n'a généralement pas de modèles ou de références auxquels s'identifier. Les grosses sont absentes des films et du paysage audiovisuel français. Enfin, il y a toujours quelques exceptions.

Je me souviens de mon adolescence. Je regardais l'émission *Frou-Frou* sur France 2 avec Sonia Dubois, chroniqueuse très grosse qui, depuis, a énormément maigri. À cette époque, j'avais 14 ans, je n'étais pas encore l'obèse que je suis aujourd'hui. Plus tard sont arrivées Laurence Boccolini et Marianne James, des femmes affirmées, et par-dessus le marché, belles. À l'opposé de ce que je pouvais ressentir à mon sujet.

Dans les films ou les séries, les seuls gros dont j'ai souvenir sont les héros de l'hilarante série *Roseanne* qui passait sur M6. Depuis, l'actrice Roseanne Barr a été sleevée. Au cinéma, les rôles de grosses étaient réservés à Josiane Balasko ou Catherine Jacob. Avec le recul, la seule femme qui m'ait réellement marquée est Anne Zamberlan, que j'ai découverte sur un plateau télé, s'exprimant au nom des grosses.

Anne Zamberlan était actrice et égérie de Virgin Megastore. Elle a expérimenté l'enfer, la honte, l'isolement. Décédée à 49 ans d'une embolie pulmonaire, elle a été une pionnière en France de la lutte contre la grossophobie. Elle s'est racontée dans ses deux ouvrages, *Mon Corps en désaccord*[1] et *Coup de gueule contre la grossophobie*[2]. Dans ce dernier livre, elle écrit :

« Si on savait… Si on savait combien ils souffrent ! Quand ils pointent le nez dehors, ils souffrent jusqu'à la démesure. Pour eux, la rue est un enfer. L'attaque arrive à coup sûr. Insupportable, inhumaine. Ils n'ont droit qu'à des regards moqueurs, des quolibets, des sarcasmes, du rejet. Anéantis, humiliés, ils se sentent coupables de tout, d'êtres nés, d'exister. Aussi leur cœur se glace. Les gros rasent les murs. »

Anne a importé en France le concept de *« size acceptance »* ou *« fat acceptance »*. Ce mouvement

1. Paru aux Éditions Fixot en 1994.
2. Paru aux Éditions Ramsay en 1994.

« d'acceptation des gros » est né dans les années 1970 aux États-Unis. Rien d'étonnant au pays des obèses. D'après deux rapports[3] publiés en juin 2016 dans le *Journal of the American Medical Association* (*Jama*), l'obésité continue d'augmenter outre-Atlantique, où 40 % des femmes et 35 % des hommes sont obèses. À propos de ces résultats, le docteur Howard Bauchner, éditeur en chef du *Jama*, déclare : « La recherche médicale s'est principalement concentrée autour du développement de nouveaux traitements et procédures chirurgicales (anneaux gastriques…) pour combattre l'obésité, mais cette approche ne résoudra pas le problème. » Le médecin américain suggère par exemple d'entamer une coopération avec l'industrie alimentaire et la restauration. Et surtout d'accepter un peu d'humilité : l'obésité progresse en dépit de l'amélioration des techniques médicales.

La size acceptance a été lancée par la Naafa (National Association to Advance Fat Acceptance). Cette association a dénoncé les échecs des régimes, le caractère expérimental et dangereux des opérations bariatriques, la grossophobie et les

---

3. *L'épidémie d'obésité s'aggrave aux États-Unis* [en ligne], Sciencesetavenir.fr, 8 juin 2016.

discriminations à l'embauche, dans les transports, les cinémas... Son objectif est de sortir de l'isolement et de la honte les femmes et les hommes gros et de décomplexer les *Fat Admirers*.

Aux États-Unis, le mouvement a pris de l'ampleur via des associations nationales et locales, des magazines, des sites internet communautaires, des figures de proue.

En 1989, Anne Zamberlan crée avec des amis l'association Allegro Fortissimo, calquée sur sa grande sœur américaine. Objectif : lutter contre les discriminations dont souffrent les gros. L'idée est d'aider les personnes fortes à sortir de leur isolement par la création d'activités ou de promenades et d'alerter les pouvoir publics.

Sur une soixantaine d'adhérents, Allegro Fortissimo ne compte aujourd'hui que trois hommes. « Et encore, l'un des trois a adhéré parce que c'est mon mari, plaisante[4] Claudia Brotons Sannka-Telephe, présidente de l'association depuis 2011. Pour les hommes, c'est beaucoup plus accepté socialement. »

Claudia a pesé jusqu'à 210 kilos avant d'être opérée. En 2007, un chirurgien l'informe qu'elle

4. Entretien avec l'auteur.

est en danger de mort, elle se fait alors « by-passer » à l'hôpital Pompidou, une grande structure publique. L'intervention se passe bien, elle perd 80 kilos. Depuis, « je peux manger ce que je veux, quand je veux. Je ne souffre même pas de dumping syndrome[5]. Bon, je sais que ce n'est pas le cas pour la majorité des gens. »

La *size acceptance* en France ? Claudia liste les améliorations : aménagements des transports avec la RATP et la SNCF, sièges sans accoudoirs dans les salles d'attente, fauteuils roulants et chemises adaptés dans les hôpitaux, ou encore négociation avec certaines banques afin qu'elles consentent à accorder des crédits aux personnes obèses.

Quand elle achève de lister ce qu'elle appelle « les petites avancées de l'aspect antidiscriminant », je me dis qu'il reste encore beaucoup de chemin à parcourir. Saisie par la justice danoise, la Cour européenne de justice a estimé pour la première fois, le 19 décembre 2014, que l'obésité sévère pouvait être considérée comme un handicap au travail.

---

5. Pour rappel, le dumping syndrome comporte deux phases, une précoce dans les trente minutes après le repas (palpitations, sueurs, tachycardie, hypotension, besoin de s'asseoir ou de se coucher, syncope), puis une phase tardive, entre une à trois heures après le repas, avec une hypoglycémie plus ou moins sévère.

L'autre volet défendu par Claudia consiste à travailler sur l'acceptation de soi. « On essaye de rendre les femmes sensibles, les pousser à prendre soin d'elles. Y parvient-on réellement ? C'est difficile à quantifier. » Claudia reconnaît une certaine frustration, les événements organisés par Allegro Fortissimo ne rassemblent pas toujours plus d'une dizaine ou quinzaine de participants, et comptent très peu de jeunes obèses dans leurs rangs.

La blogueuse Daria Marx a ressenti ce manque d'impact. Après un bref passage dans l'association, elle a préféré s'en éloigner. Daria est radicale. Elle a construit son pseudo en fusionnant deux personnages. Côté pile : l'héroïne de la série animée américaine *Daria*, une ado extralucide qui distille son point de vue acéré et désabusé sur le monde. Côté face : un hommage à Groucho Marx, le comédien américain à la grosse moustache qui a notamment déclaré : « Je n'accepterais jamais d'entrer dans un club qui m'accepterait comme membre. »

Daria Marx se définit comme une *« fat warrior féministe »*. Elle inonde Twitter de ses coups de cœur et coups de gueule depuis 2010. En juin 2016, Facebook la bannit trois jours à cause d'une photo d'elle nue jugée « pornographique » par le réseau social. Le cliché ne montre pourtant ni son sexe, ni ses tétons. Censure contre-productive puisque dans la foulée, plusieurs médias relaient l'information[6], amplifiant sa visibilité.

Avec Queen Mafalda, une militante LGBTI[7], Daria a fondé durant l'été 2016 le mouvement Gras Politique[8] dont l'objet est de lutter radicalement contre les oppressions grossophobes systémiques.

« On est des personnes hors système : pas d'association, on est en squat, on est punk. On ne fait pas de lobbying au sens classique mais on a une vraie volonté d'impacter les esprits. On a lancé un dépliant contre la grossophobie médicale, on veut que les gens s'en emparent. Sur le site de Gras Politique, il y a une liste de médecins *safe* et *no safe*. »

Daria pense qu'il faut se réapproprier les termes « gros » et « gras », en faire des mots neutres. « Avoir un *gros* compte en banque ou une *grosse* voiture ce n'est pas péjoratif. Alors être une personne *grosse* non plus. Appelons un chat un chat, les périphrases sont inutiles. Oui beaucoup de *gros* refusent de prononcer ou d'entendre ce mot. Ils

---

6. Alice Maruani, *Sur Facebook, vous ne verrez pas de « grosse grosse dame » toute nue* [en ligne], Nouvelobs.com/rue89, 16 juin 2016.
7. Lesbiennes, gays, bisexuels, trans et intersexués.
8. Graspolitique.wordpress.com

ont tort. *Gros* est un adjectif qualificatif, pas une identité malheureuse. *Gros* c'est comme *grand*, *blond*, *petit* ou *roux*. »

Selon Daria, les femmes grosses sont loin d'être prêtes pour la lutte contre la grossophobie. La difficulté vient du fait que nous vivons deux oppressions d'un coup : celle d'être grosse et le fait d'être une femme. La solution de Daria est le repli communautaire pour ensuite mieux peser dans la société.

Avant d'écrire ce livre, je regardais de loin les activistes antigrossophobie. Essentiellement par peur d'être ramenée uniquement à ma qualité de femme obèse. Je n'ai jamais voulu me positionner en cheffe de file ou porte-parole de quelque mouvement que ce soit. Je cherche plutôt à faire un état des lieux de la grossophobie en France, de ce qu'elle génère. Le tout en me servant de mon parcours personnel.

Au moment de conclure ce livre, j'aimerais poser au moins deux questions. Comment se fait-il qu'en France, près de 10 millions de personnes disparaissent de l'espace public à cause de leur corpulence ? Ensuite, pourquoi ne voit-on aucun homme sur la scène antigrossophobie ?

Je me suis toujours demandé où se trouvaient les gros. Dans mon quartier HLM, il y avait des gros et des grosses. En revanche, dans mon lycée, nous étions environ 500 élèves, nous voyions bien quelques filles et gars un peu ronds, mais seulement trois filles obèses. Quand je suis arrivée à la fac, c'était pire. J'ai étudié en fac de cinéma pendant quatre ans et je ne voyais pas d'obèses. À la cité U de Montpellier, il y avait peut-être une obèse par bâtiment. Plus tard, quand j'ai repris mes études en fac de sciences politiques, j'étais bien contente qu'il y ait une autre fille « comme moi » parmi la cinquantaine d'étudiants.

La géographie de l'obésité en France est aussi très évocatrice : plus la région est pauvre, plus on y dénombre des gros. Arrivent en tête le nord et l'est de la France. D'après l'étude Obépi de 2012[9], on trouve au sein des populations gagnant moins de 1 200 euros par mois 24,2 % d'obèses. Autrement dit, chez les smicards, une personne sur quatre est obèse. Inversement, plus une ville est grande, moins on y trouve de gros.

Une autre enquête, internationale cette fois, s'est focalisée sur la situation professionnelle des jeunes obèses en Suède, au Royaume-Uni et aux

---

9. Lire chapitre 6, « "Julie Sleeve" et "Marie By-Pass" ».

États-Unis. L'étude intitulée *Fat doesn't pay*[10] constate qu'ils sont payés 18 % de moins qu'une personne « normale ». À propos de droit du travail à deux vitesses, Anne Zamberlan utilisait les mots de « ségrégation » et de « racisme »[11].

Le sociologue Jean-François Amadieu, chercheur rattaché à l'université-Paris-I-Panthéon-Sorbonne, a mené une expérience. Il a pris la photo d'identité de deux personnes « au physique standard ». À l'aide d'un logiciel, il a gonflé le visage de chacune de ces personnes pour leur créer un faux double obèse et méconnaissable. Ensuite, il a répondu à 100 offres d'emploi de commerciaux et 100 offres d'emploi de télévendeurs en envoyant ces « couples de CV », les deux candidats ayant exactement les mêmes compétences, mais un physique différent. Résultat : « un obèse reçoit trois fois moins de réponses positives pour [une convocation à ces entretiens] pour un poste de commercial et 24 % de réponses positives en moins pour un poste de télévendeur ! » Sous-entendu, même pour un job sans aucun contact avec les clients,

---

10. Petter Lundborg, Paul Nystedt et Dan-Olof Rooth, *Body Size, Skills, and Income: Evidence From 150,000 Teenage Siblings*, 9 septembre 2014.

11. Anne Zamberlan, *Coup de gueule contre la grossophobie*, Éditions Ramsay, 1994.

l'obèse est discriminé. Le sociologue rappelle que cette pratique est illégale : « L'apparence physique est bien un critère de sélection qui est discriminatoire au même titre que l'appartenance à une ethnie, le sexe ou l'appartenance religieuse[12]. »

Au-delà de cette discrimination généralisée, l'étude suédoise *Fat doesn't pay* soulève un autre point inquiétant. Elle pointe le niveau « fréquemment inférieur de compétences cognitives » (scores de mémoire, d'attention, de logique et de raisonnement) et « non cognitives » (motivation, confiance en soi, sociabilité et persistance) des personnes obèses. Selon les scientifiques, ce manque de compétences « a tout de même un rapport avec l'intimidation liée au poids, durant l'enfance et l'adolescence, une faible estime de soi et l'expérience fréquente de la discrimination ».

Conclusion, en plus d'être sous-payés, humiliés et charcutés, nous serions amenés à devenir des personnes en sous-capacités intellectuelles.

Je me revois esquiver le lycée sur les pelouses de la vallée d'Eure. Je repense à l'absence de gros sur les bancs de l'université. Ma seule chance dans

---

12. Article L 122-45 du Code du travail, articles 225-1 et 225-2 du Code pénal.

tout ça, c'est de m'être réfugiée dans des livres.

Voilà ce que j'ai appris : on ne naît pas grosse. L'autodestruction débute par l'absence de rêves. Mon rêve à moi était de faire des études. Petite je n'arrêtais pas de dire qu'une fois « grande », j'irais à l'université. Mes parents en rigolaient. Dans ma famille, personne n'avait jamais atteint la classe de troisième. Mes parents, eux, ne sont même pas entrés au collège. J'ai dû batailler contre mes parents, contre mes profs, contre moi-même, et m'inventer des vies.

J'espère qu'un jour, nous les gros, nous mettrons fin à notre cavale.

REMERCIEMENTS

À Geoffrey Le Guilcher, Clara Tellier Savary et Johann Zarca.

Aux femmes qui ont accepté de se livrer à moi.

À mon endocrinologue.

Au comité de lecture : Franck Berteau, Camille Drouet, Élodie Emery, Lucie Geffroy, Daria Marx et Lucile Sourdès-Cadiou.

À Kalem, Alice Andersen et Dominique Martel.

Un merci particulier à Eloïse Chaussin, Carole Crestin et Xavier Guignard.

Au PAF.

TABLE DES MATIÈRES

Introduction 9
Chris, Staci, la téléréalité et moi 21
L'été où mon corps a muté 31
« Vous n'êtes pas responsable de votre état » 39
L'opération de la dernière chance 47
Le monstre du miroir 59
« Julie Sleeve » et « Marie By-pass » 77
Je me suis mise à vider les placards la nuit 97
« FA » cherche « BBW » 109
Qui veut gagner des millions ? 119
Où sont les gros ? 135

ISBN : 979-10-96906-02-4
DÉPÔT LÉGAL : MAI 2017

IMPRIMÉ EN FRANCE

Achevé d'imprimer le 4 juin 2018
sur les presses de l'imprimerie *La Source d'Or*
63039 Clermont-Ferrand
Imprimeur n° 20406N